Du même auteur

Amazon 2016

Porteuse d'eau tome 1 Psychologie

Porteuse d'eau tome 2 Dictionnaire

Porteuse d'eau tome 3 Ancien testament

Porteuse d'eau tome 4 Nouveau testament Partie 1

Porteuse d'eau tome 5 Nouveau testament Partie 2

BOD 2017

Porteuse d'eau tome 6: écrits 2016-2017

CATHERINE LESTANG

ILS RACONTENT LES ÉVANGILES

PORTEUSE D'EAU - 7

2017-2018-2019

2° édition

Table des matières

En guise d'introduction 1

PREMIÈRE PARTIE: AUTOUR DE NOËL 5
I. TEMPS DE L'AVENT 5
1. BETHLÉEM: L'annonciation faite à Joseph Mt 1, 18-24 5
2. JÉRUSALEM, BETHLÉEM: Les récits de l'Ange Gabriel 7
À Bethléem, la ville où David a vu le jour, Gabriel raconte sa rencontre avec Marie: 10
3. BETHLÉEM: Marie raconte sa rencontre avec l'ange Gabriel ... 13
4. LA VISITE DES COUSINES A AÏN-KAREM: Elisabeth, Marie 15
5. AÏN–KAREM: La naissance de Jean 20

II. TEMPS DE LA NATIVITÉ 24
1. BETHLÉEM: La naissance 24
2. BETHLÉEM: la circoncision 30
3. JÉRUSALEM: consécration de Jésus au Temple 32
4 BETHLÉEM: l'Épiphanie 36
Les savants racontent: 36
5 BETHLÉEM: le massacre des saints innocents 39
6 JÉRUSALEM: douze ou treize ans plus tard JÉSUS DANS LE TEMPLE. 40
7 SUR LES BORDS DU JOURDAIN, TRENTE ANS PLUS TARD: le baptême 43

DEUXIÈME PARTIE: RÉCITS 48
Textes de 2019 49
MATTHIEU 49
Jésus marche sur la mer. Mt 14, 23-33 49
MARC 55
La résurrection de la fille de Jaïre Mc 5,21-43 racontée par son père 55
La mort de Jean le Baptiste, Mc 6, 14-29 racontée par le garde requis pour l'exécuter 57
Le pur et l'impur. Mc 7, 1-23 62
Le levain des pharisiens et des hérodiens - Mc 8, 14-21 65
La honte de Pierre. Mc 8, 27-33 68

- *La transfiguration. Mc 9, 2-13* 73
- *La guérison de l'enfant épileptique racontée par sa mère. Mc 9, 14-29* 80
- *"Je dois être complètement bouché, mais je ne comprends plus grand chose..." Mc 9, 35-50 et 10, 1-16.* 84
- *"Alors Jésus regarda autour de lui" Mc 10, 13-31* 89

LUC 93
- *Les tentations après le Baptême. Lc 4, 1-13* 93
- *Dans la synagogue de Nazareth. Lc 4, 21-30. Marie raconte comment son fils a échappé à la mort.* 96
- *L'appel de disciples (la pêche miraculeuse) Lc 5, 1-11* 98
- *L'envoi en mission des disciples Lc 10, 1-10* 100
- *La transfiguration racontée par Pierre. Luc 9, 28-36* 105
- *Jean, l'apôtre, raconte l'entrée dans Jérusalem Luc 19, 28-40 et le choix de la salle du repas pascal Luc 22, 10-30* 111

JEAN 116
- *Les Noces de Cana Jn 2,1-12, racontée par les serviteurs* 116
- *Jésus raconte sa rencontre avec une femme accusée d'adultère. Jn 8, 1-11.* 118
- *Jésus confie sa mère à Jean Jn 20, 2-8.* 122
- *Le disciple bien-aimé raconte ce qui s'est passé au bord du lac. Jn 21* 124

Textes de 2018 128
MATTHIEU 128
- *Les miracles autour de la tempête apaisée. Mt 14, 24-36* 128
- *La pêche à l'hameçon, Mt 17, 24-27* 132

MARC 136
- *Guérisons dans la synagogue de Capharnaüm: Mc 1, 21-28, Mc 3, 1-6.* 136
- *Le chef de la synagogue de Capharnaüm parle:* 136
- *Guérison de la femme qui perdait son sang. Mc 5,23-34* 139

LUC 143
- *La nuit de l'arrestation: Lc 22, 54-62* 143
- *Marie raconte son vécu* 145

TEXTES de 2017 (Juin-décembre). 152

MATTHIEU 152
    Le poisson attrapé pour payer l'impôt au Temple, Mt 17, 24-27
    ... 156
    La rencontre de Jésus et du jeune homme "riche". Mt 19, 16-22 159
LUC 163
    La femme courbée. Luc 10,13-17 163
    Rencontre sur la route entre Jérusalem et Emmaüs Lc 24, 13-33 .. 167

En guise d'introduction

Quand j'exerçais mon métier de psychologue, j'avais lu un livre dont le titre m'est revenu en mémoire alors que je cherchais une introduction à ces textes: "Un interprète en quête de sens", de Piera Aulagnier. Peu importe le contenu, que j'avais par ailleurs aimé, mais c'est le mot interprète qui a fait sens pour moi, qui a pris corps.

Car quand je traduis à ma manière, en parlant à la première personne, des textes de la Bible, que ce soit l'ancien ou le nouveau testament, je me sens comme un interprète. Peut-être que le fait de "travailler" le texte proposé, verset par verset, c'est un peu comme faire ses gammes. Alors je me trouve avec une partition que je travaille, sans consignes précises données, et à un moment je peux interpréter, mettre en musique pour que les lecteurs découvrent du neuf, aiment cette musique et la fassent leur... C'est cela le rôle de l'interprète. On pourrait certes dire qu'il doit s'effacer devant l'œuvre, mais chaque interprète a sa manière de retranscrire ou de traduire l'œuvre; et même s'il s'efface devant le compositeur, il apporte quelque chose de nouveau...

Je dois dire que lorsque les petits textes que je propose s'imposent à moi, je me sens un peu comme un interprète qui a certes la partition, mais finalement sans les indications précises de l'auteur (ou des auteurs), ce qui me donne une grande liberté.

Alors peut-être que ces textes que je connais bien, même si à chaque lecture studieuse je découvre des mots auxquels je n'avais prêté attention, des verbes qui sont conjugués à des temps différents, des mots qui en évoquent d'autres, des harmoniques parfois entre ces textes et ceux de l'ancien testament ou ceux d'autres auteurs, ces textes à ma manière je leur ai fait violence pour qu'ils parlent ou chantent autrement, car peut-être qu'au final il est question d'un chant, d'un chant léger et ténu, mais bien présent pour que les mots permettent de s'envoler, de prendre un peu de distance, et qu'ils chantent tous seuls.

C'est peut-être cela mon charisme, être interprète. Interprète parce que parfois quand on lit la Bible, c'est comme une langue étrangère qu'il faut traduire, même si c'est déjà dans ma langue maternelle (le français), mais aussi comme une partition dans laquelle je peux laisser libre cours à ma manière de jouer pour que ceux qui écoutent (qui lisent) soient pris par ces histoires et qu'ils en tirent du plaisir.

Il y a longtemps que je me livre à cela, mais durant ce temps de l'Avent et le temps qui sépare la Nativité du temps dit ordinaire, en reprenant ces évangiles qui racontent Joseph, Marie, Elisabeth, Zacharie, les textes à la première personne sont venus d'eux-mêmes, et ce sont ces textes qui suivent les histoires racontées par Matthieu et par Luc que je propose.

Certaines de ces histoires sont précédées d'une réflexion plus historique, par exemple sur le mariage du temps de Jésus, ou sur des réflexions plus personnelles, car le massacre des innocents pour moi c'est le massacre de ces enfants "innocents" par ces adultes qui leur volent leur innocence et qui les condamnent à vivre alors que quelque chose a été mis à mort en eux. Et que là, je ne peux pas me taire, car le Dieu en qui je crois est un Dieu de la vie, qui un jour permettra à ces parties mortes de reprendre vie.

Et si je ne suis pas en quête de sens, mon désir est bien d'insuffler non pas un autre sens, mais une manière peut-être plus féminine de lire les textes qui parlent de la naissance de celui qui va permettre aux hommes de dire un Je différent, un je où l'Autre et l'autre sont présents, un Je de relation.

Si le début du temps de l'Avent est centré sur la lecture du livre d'Isaïe et donc sur les textes du nouveau testament qui peuvent y correspondre, la seconde moitié de ce temps est centrée sur les évangiles de l'enfance, que ce soit Matthieu ou Luc, puis le temps après Noël qui reprend la chronologie pour arriver finalement à l'Epiphanie, fait donc largement appel aux "histoires" qui entourent cette incarnation.

En lisant et en travaillant ces textes, c'est à dire en ne privilégiant, autant que faire se peut, aucune phrase, aucune idée (ce qui ne veut pas dire que certains mots n'ont pas eu de l'importance dans ma réflexion), je me suis sentie (ou j'ai eu envie) l'envie de raconter différemment ces textes, de laisser parler les personnages, que ce soit Marie, Elisabeth, Zacharie, mais pourquoi pas l'Ange Gabriel ou même Jésus.

Les textes qui suivent sont donc des petits récits, récits qui se sont imposés, qui sont venus, sans que j'ai eu trop à réfléchir, mais qui sont remplis d'harmoniques venant de toute la

Bible. Ils sont liés aux évangiles proposés par la liturgie tant des dimanches que des messes de semaine.

Comme je l'ai dit, ces récits que je pourrais intituler "ils racontent", que ce soit Pierre, Jésus, la femme syrophénicienne, le garde qui a été requis pour exécuter Jean dans sa prison, sont des récits qui s'imposent à moi, après avoir "travaillé" le texte versets par versets. Il y a des répétitions de mots, il y a des verbes, il y a des mots qui me paraissent importants, il y a ces citations de l'ancien testament que j'essaye toujours de replacer dans leur contexte.

Il est certain que ma sensibilité de femme joue beaucoup. Par exemple quand on lit dans Jean la mort de Jésus et qu'on parle des gardes qui viennent briser les jambes des deux qui sont crucifiés en même temps que Jésus, je me demande vraiment pourquoi leur infliger cela: pourquoi ajouter la douleur de ces fractures à la mort par asphyxie qui va suivre? Et quelque part en moi, même si ces hommes "méritaient", comme on dit, cette mort, pourquoi ne pas les tuer avec un simple coup de lance? Et quelque part, mon cœur se tord un peu en moi.

Alors oui, j'injecte ma sensibilité. Mais peut-être qu'elle permet de rendre ces textes plus vivants, puisque c'est mon désir profond. Vivants pour moi, vivants pour mes lecteurs.

PREMIÈRE PARTIE: AUTOUR DE NOËL

I. TEMPS DE L'AVENT

1. BETHLÉEM: L'annonciation faite à Joseph Mt 1, 18-24

Les textes de cette semaine entre le troisième et le quatrième dimanche de l'Avent, sont des évangiles que l'on connait bien, avec Joseph, Zacharie, Marie, Elisabeth.

Aujourd'hui, j'ai eu envie de laisser parler Joseph...

J'ai quand même recherché comment se vivait un mariage à cette époque. Il y avait un choix, souvent extérieur aux deux qui allaient vivre ensemble, puis des fiançailles avec un acte écrit. Le fiancé devait acheter sa future. Puis, la jeune fille restait durant environ une année chez ses parents et confectionnait son trousseau dont la robe de mariée, alors que le fiancé construisait une nouvelle pièce dans la maison de ses parents. Et au jour choisi, il venait de nuit chercher sa femme.

Joseph raconte:

" Dire que tout allait si bien... Je n'habite plus dans la maison de mon père, j'ai une maison à moi, j'ai un métier et je suis fiancé à une toute jeune fille Marie. Nous avons été fiancés et je lui a donné un bel anneau d'or qu'elle porte à son doigt. J'ai aussi commencé à préparer chez moi une belle pièce,

qu'elle pourra arranger comme elle le voudra, une pièce où naîtra notre enfant.

Et voilà qu'elle vient me voir hier, à l'atelier et je vois bien qu'elle a une tête un peu bizarre sous son voile. Mais elle est si belle... Elle se tord un peu les mains, et me dit qu'elle attend un enfant.. Et là quelque chose se brise en moi. Comment a-t-elle pu se laisser séduire alors qu'elle est "ma fiancée", comment a-t-elle pu me faire cela? Puis elle ajoute qu'elle ne m'a pas trompée, que ce qui arrive c'est le dessein de Dieu; et elle part, elle me laisse seul avec cette nouvelle. Et moi qui étais en train de fabriquer une belle armoire pour qu'elle puisse ranger son trousseau...

Alors j'ai réfléchi. Je sais que quand cela va se voir, elle risque d'être lapidée; alors il faudrait qu'elle parte, qu'elle aille ailleurs. Je suis obligée de la répudier, mais je ne veux pas qu'elle meure, je veux que cet enfant dont elle ne m'a rien dit vienne au monde.

Je me suis couché, la mort dans l'âme, j'ai tourné un peu dans tous les sens sur ma couche et je me suis endormi. Et dans mon sommeil, j'ai entendu comme une voix. C'est étonnant les rêves, mais celui-là il était autre. Et cette voix me disait de ne pas craindre de prendre chez moi Marie, ma fiancée. Pas craindre… Etonnant. Bien sûr que je suis bouleversé. Et il continue en me disant que cet enfant est l'œuvre de l'Esprit Saint, et donc qu'elle ne m'a pas trompée. Puis il me dit que cet enfant aura un destin: il sera le rédempteur que nous attendons; celui qui, en nous libérant du poids de tous nos péchés, nous fera entrer dans la Sainteté de Dieu. Puis il me dit que le nom de cet enfant sera Jésus. Je savais bien que je dormais, mais c'était si réel! Puis il a cité le prophète Isaïe qui parle d'un enfant né d'une jeune fille, qui portera le nom d'Emmanuel. C'est cela qui m'a réveillé, Emmanuel, Jésus... Mais dans tous les cas, cela me dit que Dieu est avec nous aujourd'hui et que Dieu nous (me) sauve aujourd'hui.

Alors j'ai attendu le matin; et je suis allé voir Marie dans sa maison. Je lui ai dit que cet enfant serait mon enfant, et peu importe ce que penseraient les autres, nous resterions ensemble toute notre vie.

2. JÉRUSALEM, BETHLÉEM: Les récits de l'Ange Gabriel

L'ange Gabriel a un rôle important dans les deux premiers chapitres de l'évangile de Luc. J'ai eu envie de le laisser parler, raconter, raconter trois rencontres: rencontre de Zacharie, rencontre de Marie, rencontre de Joseph (même si cela est rapporté dans l'évangile de Matthieu).

L'ange Gabriel raconte sa rencontre avec Zacharie:

J'ai beau être un Ange qui vit devant le Très-Haut, j'ai toujours du mal quand il m'envoie visiter les hommes. Là j'en ai vu trois, Zacharie, Marie, Joseph. Joseph c'est un peu différent, je me suis servi de son sommeil pour lui parler, pour le rassurer, et il faut bien que le plan élaboré depuis toute éternité puisse se réaliser. Mais quand j'ai parlé à Zacharie et à Marie, je me suis rendu compte que les hommes et les femmes, ce n'était vraiment pas bâti de la même manière. Je vais vous raconter.

Dans Le Temple, là où se trouve l'autel des parfums, j'ai rencontré Zacharie le prêtre.

Zacharie, c'est un prêtre qui a un service à assurer au Temple. Il est vieux, mais pas si vieux que ça. Sa femme Elisabeth est âgée, mais pas si âgée que ça. Tous les deux suivent à la lettre et avec amour les commandements et les préceptes; ils sont justes aux yeux de la cour céleste, mais comme Elisabeth n'a pas eu d'enfant, beaucoup pensent qu'elle a fait quelque chose de mal pour avoir privé Zacharie de descendance, et elle vit dans la honte; elle est un peu celle que l'on montre du doigt, celle qui fait ses courses à toute allure. Et pourtant quand elle voit quelqu'un dans le besoin, elle sait toujours comment s'y prendre pour l'aider discrètement.

Il a été choisi, et cela ce n'était pas le hasard, pour offrir l'encens dans le Temple. Je pensais que me manifester à lui dans ce lieu était ce qu'il y avait de mieux à faire. Il m'a donc vu, enfin quand je dis vu, ce n'est pas tout à fait ça. Il s'est rendu compte qu'il y avait une présence, sur l'autel à droite; et la droite c'est là où se trouve le Très-Haut. Sa réaction, plus que normale, a été la crainte.

Alors je lui ai parlé (dans sa tête), et je lui ai révélé que les prières que lui et sa femme avaient fait monter autrefois allaient être exaucées, et que l'enfant qu'Elisabeth porterait devrait s'appeler Jean. J'ai dit aussi qu'il serait rempli d'Esprit Saint dès sa naissance, et surtout qu'il aurait un rôle particulier: préparer au Seigneur un peuple bien disposé - mais je n'ai pas dit à quoi. J'ai cité le prophète Malachie, qui disait que dans les temps futurs "Elie reviendrait et ramènerait le cœur des pères à leurs enfants". Je pensais vraiment que cela le mettrait dans la joie. Mais non...

Lui, il en restait au niveau de la triste réalité. Il avait oublié que le Très Haut avait permis à Sarah, pourtant beaucoup âgée que son Elisabeth, de donner la vie, et la seule pensée qui était en lui était: "Cette voix qui me promet cela, est-ce qu'elle ne sait pas qu'à l'âge de ma femme, c'est impossible." Et au lieu d'être dans l'allégresse, il m'a juste dit qu'il était trop vieux (enfin pour lui, c'est n'importe quoi), et sa femme aussi (bon ça d'accord); et qu'il lui fallait comme un signe, pour qu'il puisse me croire.

Alors, croyez-moi ou pas, mais moi l'Ange cela m'a mis en colère. Alors je lui ai bien donné un signe, j'ai pris sa voix, je l'ai rendu muet.

Simplement je lui ai signifié, à lui qui voulait un signe, que la parole lui serait rendue seulement à la naissance de cet enfant, cet enfant qui serait la voix qui crie dans le désert. J'aurais voulu qu'il dise merci, qu'il loue le Seigneur Tout Puissant, et au lieu de ça, il demande une preuve, comme si ma parole d'envoyé n'était pas suffisante.

Puis il est sorti... Le peuple qui avait prié pendant qu'il officiait, et portait la prière du peuple devant le Seigneur comme la fumée de l'encens, avait trouvé le temps long. Seulement il ne pouvait plus rien dire, rien expliquer. Ils ont compris que quelque chose lui était arrivé, mais ils n'ont pas su quoi.

Rentré chez lui, comme sa femme et lui savent écrire, il a raconté sur une tablette ce qui était arrivé, et l'impossible s'est accompli. Elisabeth, elle, a magnifié Dieu qui lui avait rendu son honneur.

À Bethléem, la ville où David a vu le jour, Gabriel raconte sa rencontre avec Marie:

Ensuite je suis parti à la rencontre de Marie, celle qui était la fiancée de Joseph. Elle était chez elle, elle préparait son trousseau.

Elle a ressenti une présence, ma présence, et elle ne savait pas trop ce qu'elle vivait. Elle était un peu comme à distance d'elle-même. Mais c'est ce qui se passe lorsque le divin arrive chez l'humain.

Il y avait une certaine crainte en elle, ce qui est normal. Alors je lui ai parlé, comme je l'avais fait pour Zacharie. Et là, c'était une autre annonce.. Elle, la petite jeune fille de Nazareth, elle allait concevoir et enfanter un fils qui porterait le nom de Jésus, qui serait le fils du Très-Haut et qui aurait le trône de David.

Elle a compris tout de suite ce que je disais, que je lui annonçais qu'elle porterait le Messie attendu, le Sauveur, le Rédempteur. En elle j'ai perçu une sorte de joie immense, mais aussi un questionnement. C'est vrai que les humains se po-

sent toujours des questions, mais là, c'était presque pour la forme, elle ne mettait rien en doute. Elle voulait quand même savoir.

Alors j'ai parlé de l'Esprit Saint qui allait venir en elle, faire son œuvre de fécondation, parce que c'est ce qu'il fait depuis toute éternité, et cela lui a suffit. Bien sûr j'ai voulu lui donner un signe pour qu'elle soit rassurée, et je lui ai parlé de sa cousine mais ça ce n'était pas l'important.

Elle a eu une phrase extraordinaire; elle a dit: "Je suis l'esclave du Seigneur, qu'il me soit fait selon ta parole". Et moi qui sais lire dans le cœur, je savais qu'elle pensait à ces esclaves de l'ancien temps qui permettaient à des femmes stériles d'avoir des enfants. Je savais qu'en disant cela elle se donnait corps, cœur et âme à son Dieu. Et je me disais que le Très-Haut avait bien choisi.

Toujours à Bethléem, Gabriel raconte comment il a parlé à Joseph qui dormait:

Il a bien fallu que Marie aille le lui dire, qu'elle attendait un enfant; sauf qu'elle ne lui a pas dit ce qu'elle avait vécu. Et ce fut pour elle une véritable épreuve, car elle savait bien que Joseph pourrait la répudier, qu'elle pourrait être lapidée. Mais au fond d'elle-même, elle savait que le Très-Haut la protégerait, elle et cet enfant dont elle devinait juste la présence ténue.

Joseph, lui, était dans tous ses états, il ne comprenait pas, il était à la fois en colère et abattu. J'ai choisi, comme jadis le Très-Haut l'avait fait pour Jacob, de lui envoyer un songe qui lui ferait comprendre que c'était le désir du Très-Haut, et que cet enfant serait aussi cette échelle entre la terre et le ciel, et que les cieux s'ouvriraient.

Alors je me suis manifesté à lui durant son sommeil; je lui ai dit pour le rassurer qu'il pouvait et devait prendre pour épouse cette jeune fille qui lui avait été donnée; que cet enfant avait été engendré par l'Esprit Saint (là je me suis quand même demandé s'il allait avoir assez de confiance pour me croire), et que cet enfant devrait se nommer Jésus. Et Joseph s'est réveillé. Et aussitôt il a pensé à une phrase du prophète Isaïe, une de ces phrases qui annoncent le sauveur, et cela a été comme un baume, comme une onction sur lui. Et il est allé voir sa fiancée pour lui dire qu'il serait le père de cet enfant.

Moi, je suis remonté à la cour du Très-Haut, et j'ai attendu la naissance… Cela ne doit pas être facile pour vous les hommes de devoir composer avec le temps. Mais je savais que je reviendrais un jour pour servir cet enfant en Germe.

Maintenant nous pouvons écouter Marie, raconter comment elle a vécu cette rencontre.

3. BETHLÉEM: Marie raconte sa rencontre avec l'ange Gabriel

Marie raconte..

L'ange m'a quitté, du moins cette présence que j'ai ressentie. Je sais que dans mon corps il s'est passé quelque chose, mais je ne sais pas le nommer. Pourtant je ne suis plus la même. Et l'ange m'a parlé de ma cousine Elisabeth. Je dois aller la voir, je dois lui raconter ce qui s'est passé, je dois lui demander son avis. J'ai besoin de quelqu'un, j'ai besoin d'une mère, puisque la mienne n'est pas là pour me guider.

Comme je suis la fiancée de Joseph, je dois lui demander l'autorisation de partir ainsi. Lui, avec son métier, il ne peut pas m'accompagner et pour le moment, je n'ose pas lui dire ce qui se passe, ce qui s'est passé. Et s'il ne comprenait pas? Et s'il me répudiait? Mais au fond de moi il y a cette certitude, c'est que le Seigneur nous a choisis tous les deux, lui et moi, moi et lui, pour que nous soyons la famille de son envoyé, de son fils, qui sera mon fils.

Joseph a accepté, et je suis partie de Nazareth pour aller vers Jérusalem, puisque c'est dans les montagnes de Judée que résident Elisabeth et Zacharie. J'ai trouvé un groupe qui allait à Jérusalem, parce que je ne voulais pas être seule sur les chemins. Il y a des brigands, alors une femme seule, c'est n'est pas possible. D'ailleurs c'est Joseph qui a trouvé pour moi.

Je suis arrivée fatiguée chez eux, mais comme ils ne savaient rien de ma venue, personne n'est sorti à ma rencontre. Je suis entrée dans leur maison, Elisabeth était là, elle s'est levée, s'est approchée de moi, et je l'ai saluée, elle mon aînée. Et là quelque chose s'est passé.

Elle m'a regardé, elle a regardé mon ventre, elle a regardé son ventre, elle a touché son ventre comme si elle le touchait pour la première fois. Elle a dit que l'enfant avait bougé en elle, qu'il avait tressailli, que tout son corps à elle en avait été ébranlé, qu'elle avait ressenti comme une vie merveilleuse qui s'emparait de son fils, et elle m'a bénie. Elle a eu des paroles qui ont confirmé ce que l'ange m'avait dit, et ce qu'elle a dit, ce qu'elle m'a dit, c'était la confirmation de ce que je sentais en moi, que quelque chose vivait en moi, que quelqu'un se développait en moi et que ce quelqu'un c'était Celui qui doit venir.

Pour moi, cette confirmation était extraordinaire, parce que je n'avais pas à expliquer. Elle savait. Elle allait pouvoir être avec moi dans cette joie, elle allait pouvoir me conseiller, être ma mère, et moi, j'allais pouvoir, en demeurant chez elle jusqu'à la naissance de son enfant, l'aider durant cette fin d'attente, être comme sa fille et partager avec elle et avec Zacharie sa délivrance et la naissance du cousin de mon petit garçon.

Que Dieu soit loué pour sa prévenance!

4. LA VISITE DES COUSINES A AÏN-KAREM:
Elisabeth, Marie

Elisabeth

Elisabeth c'est la cousine de Marie, mais c'est surtout celle qu'on a appelée la stérile toute sa vie de femme. Elle ne rencontre pas d'ange, elle. C'est à Zacharie le muet de lui faire comprendre qu'il n'est pas trop tard pour enfanter celui qui sera le précurseur, c'est à Marie de donner par sa simple présence un sens à cette grossesse qui jusque là se cache.

Elisabeth raconte sa rencontre avec sa petite cousine Marie:

On me considère comme une vieille femme, et comme je n'ai pas eu d'enfant, parfois il y a des paroles méchantes qui se disent derrière mon dos quand je vais chercher de l'eau au puits ou quand je fais les courses. Quand je vois des enfants qui courent dans les rues, quand je les vois se battre, quand je les vois parfois sauter dans les bras de leur père, des larmes montent en moi. Et je sais que les femmes m'appellent la stérile, celle qui n'a pas donné de descendance. Pourtant, Zacharie et moi, nous en avons fait des offrandes, nous en avons passé du temps en prière. Toujours nous avons espéré que nos prières seraient présentées au Très-Haut, comme jadis les prières de Tobit et de Sara, et nous savons que Dieu ne rejette pas les prières. Maintenant que le temps a passé, à moins d'un miracle, et là, que diront ces femmes qui se moquent de moi, je dois accepter ce que Dieu a voulu pour nous.

En ce moment, je suis seule; mon mari est à Jérusalem où il accomplit son service dans le Temple. Comme les nouvelles se propagent vite, j'ai appris qu'il s'était passé quelque chose, mais je ne sais pas quoi. Je sais juste qu'il a perdu la parole; lui qui aime tant parler, tant chanter les psaumes, cela doit être terrible. Qu'a-t-il fait pour mériter une telle punition? Enfin, je vais vite le savoir, car son temps est terminé.

Et le voilà qui vient, mon aimé. Il me prend dans ses bras, il oublie mon âge, et me regarde autrement. Puis il va chercher une tablette et il me dit que nous avons le droit d'avoir un fils, que Dieu nous a écouté et que ce fils portera le nom de Jean.

Et cela est advenu… Seulement je n'ose pas y croire, je n'ose pas en parler et je ne dis rien, je ne veux pas de moqueries, je veux…, mais qu'est-ce que je veux?

Et aujourd'hui, ma petite cousine, Marie, celle qui habite à Nazareth, est arrivée, sans se faire annoncer. Par qui a-t-elle su que j'allais avoir besoin d'elle? Et dès qu'elle est entrée, il s'est passé quelque chose de très fort en moi. L'enfant a littéralement tressailli de joie, il est monté et il est descendu, et cela je ne l'avais jamais ressenti. Pour moi, cela a été la preuve qu'il était vivant, bien vivant, parce que j'ai tellement peur qu'il lui arrive quelque chose à cet enfant donné. Et je me suis entendue dire des mots inconnus… J'ai dit à ma cousine qu'elle était la mère de celui qui allait sauver tout le peuple, mais ces mots là, sont venus tout seuls, et j'ai béni cette jeune femme qui se tenait devant moi.

Et avec elle, le temps a passé plus vite; avec elle, je suis sortie; avec elle, j'ai préparé la naissance de l'enfant; avec elle, j'ai attendu.

Et l'enfant est né.. Naturellement tout le village est venu, et il fallait nommer l'enfant. Malgré ma fatigue, j'ai dit "Jean", seulement ça a tellement étonné tout le monde que l'enfant ne porte pas le prénom de son père, qu'ils sont allés chercher Zacharie qui priait sans prononcer de paroles. Ils lui ont donné une tablette, et bien sûr il a écrit Jean: ce qui veut dire "Dieu a fait grâce". Et la paralysie de ses cordes vocales a disparu, et il a pu chanter un merveilleux chant pour louer Dieu qui allait donner un sauveur à son peuple et qui avait choisi notre fils pour préparer le peuple à accueillir celui qui allait venir; et celui qui va venir, c'est cet enfant qui est dans le ventre de ma cousine.

Que Dieu soit loué, sur la terre et dans les cieux, pour ce qu'Il fait pour nous son peuple !

Marie raconte:

Quand l'ange est venu me parler de ce que le Très-Haut voulait pour moi, j'ai entendu, j'ai écouté, mais même si j'ai retenu, je n'ai pas vraiment compris, sauf que j'étais un peu l'élue, celle qu'Il avait choisie pour porter celui que tout mon peuple attend, ce nouveau messie qui, comme David l'avait fait avec les Philistins, allait nous délivrer de ceux qui nous oppriment. Mais au fond de moi, quelque chose me disait que ce n'est pas de cette oppression-là qu'il devait nous libérer, mais de cette présence du mal qui est là en permanence. Et nous libérer de nos esclavages intérieurs, ça c'est autre chose; c'était juste comme cela, en moi.

Et puis, il avait parlé de l'ombre du Très-Haut... Je n'avais pas compris. Et puis.. Dans nos traditions, on raconte que Moïse, celui qui nous a fait sortir de la terre d'Egypte, ne voulait pas mourir; et pourtant son temps était accompli; alors l'Ange du Seigneur s'est penché sur lui, l'a embrassé, mais en l'embrassant il a aspiré son souffle et Moïse est parti... Et pour moi, il s'est passé un peu la même chose, mais dans l'autre sens. Je veux dire que peu de temps après le départ de l'Ange et de sa promesse, j'ai senti un souffle en moi, un souffle qui ouvrit tout mon être, un souffle qui pénétrait, et comme le dit un psaume, j'ai eu envie de crier de joie, et j'avais compris que la promesse s'était réalisée.

Et aujourd'hui, je suis chez ma cousine Elisabeth. Elle aussi vient de sentir cette force en elle, cette force qui a fait tressaillir son bébé, qui a fait aussi tressaillir le mien, car je l'ai senti bouger pour la première fois. Et comme elle, j'ai chanté, j'ai chanté mon Seigneur, j'ai chanté de joie!

J'ai chanté avec mon corps bien sûr, mais avec mon âme, car tout mon être était dans l'action de grâce, tout mon être exaltait le Seigneur, et en moi il y avait une joie infinie, une joie qui n'a pas de mots pour se dire, et mon esprit, cette partie de moi qui est don du Très Haut, exultait de joie.

Je comprenais, que moi, qui avais eu la possibilité de dire oui, je ne serais pas oubliée après ma mort, je serais racontée comme celle qui a cru, comme bienheureuse! Oui, le Tout Puissant a fait pour moi des merveilles, et lui seul pouvait faire cela. Et en moi chantait aussi une petite phrase: "Je te bénis mon créateur, pour la merveille que je suis, tous ces trésors au fond de moi que tu as mis sans faire de bruit". Oui, tout ce que je suis, tout ce que je serai, c'est Lui qui l'a prévu, qui a donné, qui a mis tout cela en moi, en me respectant, en me laissant complètement libre.

*Le Dieu qui est mon Dieu, est un Dieu de tendresse, un Dieu de **miséricorde**, et cela il l'avait déjà annoncé à Moïse - "Je suis un Dieu de tendresse pour ceux qui gardent mon alliance", il est un Dieu " juste": il aime les **humbles**, ceux qui sont dépendants de lui, qui savent que Lui seul guide leur vie. Alors que les **superbes** et les **puissants**, il les renverse, il les renvoie les mains vides. Et je sais déjà, que cet enfant qui est en moi, cette prémisse en quelque sorte de la vie de Dieu, dira la même chose; il permettra aux petits, aux humiliés, aux bafoués, de se sentir aimés, respectés, relevés.*

*Comme un vrai roi, celui qui va venir **comblera de biens** ceux qui ont faim et soif de justice; aux **affamés** il donnera du pain: le pain dont on a besoin pour vivre, mais aussi ce pain qui fait grandir la présence de Dieu en soi; je sais que ce sera Lui.*

*Oui, Dieu n'oublie pas, il n'oublie pas son **amour** pour nous.. Il avait promis à notre père Abraham de faire de nous un peuple qui bénirait les nations, un peuple nombreux. Et, dans cet enfant qui est en moi, il va faire de son peuple un peuple de prêtres, un peuple de rois.*

Gloire au Seigneur !

5. AïN–KAREM: La naissance de Jean

Jean est né, il faut lui donner son nom, nom différent de celui de son Père, nom choisi par un Autre. Et c'est au père de nommer... Et le père est muet, alors le père écrit et nomme et la voix lui revient...

Zacharie retrouve la parole

Le premier chapitre de l'évangile de Luc commence à Jérusalem avec Zacharie dans le Temple. Il commence aussi par situer les évènements qui se mettent en place dans le temps: le temps d'Hérode le Grand. Il se termine sur le même personnage.

En fait on a une centration très importante sur l'Esprit Saint dans tout ce premier chapitre. C'est lui qui féconde, c'est lui qui fait tressaillir le bébé d'Elisabeth, qui inspire Elisabeth, qui inspire Marie et qui inspire Zacharie. J'aime ces mots: "rempli d'Esprit" que l'on retrouve le jour de la Pentecôte, ce vin doux qui rend ivre de la parole et de la présence de Dieu.

Le texte de ce jour, c'est le cantique de Zacharie, qui est récité tous les jours tant par les moines que par les prêtres et beaucoup de laïcs, donc c'est un chant que nous connaissons bien. Les versets qui précèdent ce texte dans l'évangile de Luc sont curieux, car certes Zacharie retrouve sa voix, mais il semble que la crainte soit aussi présente, comme si cette naissance faisait un peu peur, comme si la ressemblance avec le prophète Elie était déjà en germe. Et si on suit la chronologie des versets, peut-être que ce cantique a été prononcé au moment de la circoncision de l'enfant. C'est une hypothèse de ma part, mais on peut penser que lors de cet acte qui fait vraiment entrer l'enfant dans le peuple choisi, Zacharie, rempli d'Esprit Saint, comme l'avaient été avant lui Elisabeth et Marie, et comme le seront ceux qui seront les disciples de l'enfant à naître, ait pu - comme le dit le texte - dire ces paroles prophétiques.

Zacharie raconte:

Parce que j'ai été, comme nos pères, dur d'oreille à la parole du Seigneur, parce que ma nuque a été raide, alors mes cordes vocales se sont paralysées et j'ai perdu la voix, j'ai perdu les mots pour dire ce que j'avais vécu. J'ai combattu contre l'Ange, j'ai voulu être fort contre Dieu, et j'ai été vaincu. Béni soit-Il, car j'ai appris et j'apprends. Ma voix, je ne la retrouverai que lors de la naissance de cet enfant annoncé, cet enfant qui portera le nom de Johanan: Dieu fait grâce. Quand notre petite cousine Marie est entrée chez nous, à ma grande surprise, ma femme, mon Elisabeth, qui ne parle jamais, qui se fait toujours oublier, qui cache cette grossesse tellement elle a peur que le bébé ne vienne pas à terme, s'est mise à bénir un enfant à venir, et a parlé haut et fort de ce bébé. Marie aussi s'est mise à parler de ce que le Très-Haut avait fait pour elle, et elle a annoncé que son enfant s'appellerait Joshua. Johanan et Joshua, voilà les noms des deux cousins qui sont, qui seront, porteurs du salut pour tout notre peuple.

Et le jour de la délivrance d'Elisabeth est arrivé, et cela s'est si bien passé que, d'emblée, les femmes qui étaient là ont fait savoir que cet enfant du miracle était un protégé du Seigneur, et cela s'est transmis comme une traînée de poudre et tout le monde est venu chez nous. Seulement il fallait le nommer, cet enfant. Et tous pensaient qu'il devait s'appeler comme moi, Zacharie; mais nous savions qu'il devait porter un autre prénom, un prénom jamais porté dans notre famille. Alors, comme Elisabeth a dit que son nom serait Johanan, ils ont pensé qu'elle disait n'importe quoi: on ne rompt pas comme ça avec la tradition. Ils m'ont alors demandé, en faisant des gestes. Ils montraient l'enfant, ils me montraient. J'ai compris ce qu'ils voulaient et sur une tablette j'ai écrit que son nom était Johanan. Et aussitôt, le lien qui bloquait ma langue s'est délié, et j'ai retrouvé la parole, et j'ai béni et loué le Très-Haut qui fait de telles merveilles.

Et moi, le prêtre, j'ai ressenti en moi comme une vigueur nouvelle, comme un souffle nouveau, comme une eau bienfaisante, comme une onction, et avec ma voix qui ne chevrotait plus, j'ai pu chanter...

J'ai chanté Dieu, qui aujourd'hui visite son peuple, qui va le libérer grâce à cet enfant qui est en germe dans le ventre de ma petite cousine, cet enfant qui est de la race de David notre grand roi, mais qui est aussi de la descendance d'Aaron, puisque ma femme est de cette lignée. Roi et Prêtre, quel héritage, pour celui qui va nous délivrer de la main de nos oppresseurs. Et les oppresseurs, je ne suis pas sûre qu'il s'agisse des occupants, mais de tous ces liens qui font que nous ne sommes pas capables d'écouter notre Dieu, que nous ne sommes pas capables de voir nos frères dans le besoin. Oui, ce petit enfant va nous apprendre à servir notre Dieu, dans la justice et la Sainteté, tous les jours de notre vie.

Et j'ai ensuite compris ce que serait le rôle de mon petit: préparer le chemin de celui qui naîtrait pourtant peu de temps après lui; pour celui qui serait comme l'astre d'en haut, le soleil qui vient féconder la terre et lui faire porter son fruit. Je savais que lui serait celui qui inciterait enfin tout le peuple à se convertir, à reconnaître, comme moi j'ai dû le faire, notre incrédulité, notre orgueil, notre manque de confiance. Je savais que lui permettrait au peuple de trouver le pardon; car les péchés seraient remis, pardonnés.

Et j'ai terminé ce chant, qui me dépassait un peu, en remerciant notre Dieu pour sa tendresse, pour son amour, car il avait préparé pour nous la lumière qui luit dans les ténèbres, et qui vient illuminer le monde.

II. TEMPS DE LA NATIVITÉ

1. BETHLÉEM: La naissance

Selon les évangélistes, le récit de la naissance de Jésus n'est pas le même.

Chez Matthieu, Jésus semble naître tranquillement à Bethléem, la ville d'origine, la ville du roi David. Mais derrière, il y a quand même une naissance pas comme les autres, une naissance qui a mis Joseph dans l'embarras, et qui d'emblée montre que cet enfant engendré par la Puissance du Très-Haut sera un enfant Autre, un enfant Fils de Dieu. Ce n'est qu'après la fuite en Egypte que Jésus et sa famille viendront s'établir à Nazareth.

Dans la version lucanienne, qui s'adresse peut-être plus à des Grecs en fonction de leur culture et de leur mythologie, le récit est différent. Les dieux qui s'intéressent aux humaines le font dans une optique très égoïste (ils ne sont pas mieux que les humains), et l'enfant qui nait de cette union a certes des pouvoirs très considérables, mais aussi beaucoup de défauts très humains: c'est le cas d'Héraclès.

Or Luc nous présente un enfant qui a certes toutes les caractéristiques humaines, mais qui est entièrement centré sur la volonté de celui qu'il nomme son père; qui est dans l'obéissance, et dans le désir de permettre aux hommes de sortir de leur violence et de leur animalité, ce qui est radicalement différent.

Par ailleurs, toujours dans la mythologie grecque, certains humains qui sont des héros deviennent des demi-dieux après leur mort (héroïque): il s'agit d'une récompense; mais là encore Jésus ne rentre pas dans ce cadre-là.

Présenter ainsi la naissance de Jésus permet aux lecteurs de Luc de voir toute la différence entre Jésus et ces héros, et ainsi de reconnaître en lui le Fils du Très-Haut.

C'est bien entendu la version lucanienne qui m'a inspirée pour ce petit texte, écrit la veille de Noël 2018.

Jésus parle:

Comme tous les enfants du monde, j'ai dû quitter un lieu où je baignais dans un liquide chaud et rassurant, pour aller dehors. Et ce dehors, c'était un vrai dehors. Bien sûr je ne voyais rien, comme tous les bébés, mais j'entendais des bruits bizarres, des bruits que je connaissais un peu, comme les braiements de l'âne, parce que nous étions allés de Nazareth à Bethléem avec ce brave âne, mais aussi des bruits inconnus: des soufflements, des meuglements… Ma Maman m'a dit qu'un bœuf était venu souffler sur nous pour nous donner un peu de sa chaleur. Elle m'a dit aussi que pour que je ne sois pas écrasé par les pattes des animaux, on m'a mis dans la mangeoire. Une mangeoire,… Dire qu'un jour, c'est moi qui dirais que je suis celui qu'il faut manger pour vivre.

Mais ce que je sais, c'est que ma maman, elle n'avait pas du tout imaginé ça. Partir à dos d'âne en fin de grossesse, arriver à Bethléem, entrer dans ce caravansérail, essayer de trouver une place et se faire mettre dehors, parce que ces hommes et ces femmes avaient trop peur du sang qui allait les rendre impur et leur compliquer la vie, comme si la vie n'était pas assez compliquée comme ça. Alors, il a fallu trouver un lieu. On a demandé à droite et à gauche, et une famille nous a indiqué cette sorte de grange. Nous nous sommes installés pour passer la nuit, et c'est là que les douleurs ont commencé.

Et puis ne croyez pas que - parce que ma mère aurait, grâce à moi, évité les séquelles de ce que vous appelez le péché originel ou le péché des origines - elle n'a pas souffert. Une femme c'est une femme, et les hanches et le bassin ont du mal à s'ouvrir; alors, comme toutes les mères, elle a eu mal, et c'est peut-être pour cela qu'elle peut comprendre quand vous parlez des naissances de vos enfants à vous. Et comme toutes les mères, sa joie a été grande quand ma tête est passée et que Joseph a sorti mon petit corps. Normalement il y aurait dû y avoir des femmes, si nous étions restés à Nazareth, mais là.. Alors Joseph ce jour-là, est vraiment devenu mon père, il m'a mis au monde, il m'a regardé, il m'a aimé, et il a compris qu'il était "mon" père.

Je sais que vous vous posez des questions sur le lieu de ma naissance. L'important c'est que, par mon père ou par ma mère, je sois descendant du roi David. Et naître à Bethléem, la "maison du pain", moi le pain vivant, c'était quand même un beau symbole, non?

Ensuite, cette nuit là, parce que finalement je suis né sans tambour ni trompettes, mon Père d'en haut a quand même fait entendre de la musique, mais pas pour les bien pensants: non, pour les bergers qui étaient dans les montagnes. Et ce sont eux qui sont venus les premiers. Ils ont apporté du lait, du fromage, du pain et de l'eau de la montagne, une eau pure, et ma mère et mon père ont été tellement heureux de cette présence simple.

Ensuite, mais la suite vous la connaissez, j'ai reçu la circoncision ainsi que mon nom, puis nous sommes rentrés chez nous; puis quelque temps après nous sommes pour la première fois allés dans le Temple de Jérusalem, pour donner le sacrifice pour moi, puisque je suis le premier-né. Et j'ai grandi comme tous les enfants du monde.

Dans la mythologie grecque, on voit un Dieu qui tombe plus ou moins amoureux d'une femme humaine et qui la féconde, et ça fait un demi dieu, qui n'a pas la vie facile. Mais moi, je ne suis pas un demi dieu qui serait devenu dieu en donnant ma vie. Non, je suis pleinement homme et pleinement Dieu, même si c'est compliqué à admettre. Ce qui compte, c'est bien plus le fait que je sois vivant pour toujours, que je suis venu pour donner ma vie pour que tous hommes sortent de l'emprise de ce qui les pousse vers le bas, et que par ma mort, j'ai donné la vie au monde.

Et au delà du récit de cette naissance "miraculeuse", que certains aujourd'hui refusent sous prétexte que ce n'est pas possible, il y a l'affirmation que moi, le fils du Très-Haut, j'ai eu une vie d'homme, et que, comme le disent certains de vos écrits, mon Père m'a appris ce qu'était la souffrance parce que je l'ai vécue comme vous tous; et ce Dieu tout puissant que vous contestez tant est devenu un Dieu Proche, un Dieu qui vous a tant aimé qu'Il m'a donné à vous...

Les bergers racontent:

Comme d'habitude, nous, les bergers, nous sommes dehors quel que soit le temps, pour veiller sur nos bêtes et parce que le temps de mettre bas est arrivé pour nos brebis; alors nous veillons. Il fait bien froid, mais nous avons nos peaux sur nous pour nous réchauffer. Seulement, à vivre dehors, à se nourrir de fromage, de pain, à traîner dehors comme disent ceux du village, ça ne nous donne pas bonne réputation; surtout qu'il faut quand même bien boire un coup pour se réchauffer. Et puis, à vivre avec des bêtes, on ne sent pas très bon. Alors les gens du village ne nous aiment pas trop, et ils nous considèrent souvent comme des voleurs.

Et voilà qu'en cette nuit, somme toute une nuit comme toutes les autres - même pas une nuit de pleine lune, alors que les bêtes dormaient et que nous aussi nous nous apprêtions à dormir, la clairière où nous étions s'est éclairée comme en plein jour. Nous avons eu l'impression qu'une cascade d'eau fraîche tombait sur nous, nous lavait de notre crasse, et nous réveillait. Même nos vêtements se sont mis à sentir le propre. Nous étions dans cette lumière qui nous revêtait comme d'un vêtement. Et nous avons entendu comme une voix qui nous disait que dans la ville de Bethléem, venait de venir au monde celui que tout le peuple attend depuis si longtemps, celui qui est le Christ, l'oint, le Messie, l'envoyé du Très-Haut, celui qui permettra de sauver le peuple. Peut-être que c'était un Ange, mais mettre des mots, ce n'est pas notre fort à nous les bergers.

Comme nous étions dans une stupéfaction totale, la voix a ajouté que nous devions nous mettre en route, laisser là notre troupeau, pour trouver un bébé dans une mangeoire. Les étables près de la ville, nous les connaissons bien, mais laquelle? Enfin, nous étions tellement retournés que nous sommes partis. Nous allions bien le trouver ce tout petit qui venait de naître, et nous allions aider ses parents à trouver un lieu moins froid, un lieu plus beau, parce que quand même, ça nous choquait de penser que le nouveau roi David était dans une étable au milieu des bêtes.

Et tandis que nous nous étions mis en marche, nous avons entendu comme un chœur, et pour nous c'étaient des anges qui vivent dans le ciel auprès du Seigneur, et ce chœur disait que Dieu, notre Dieu, était le seul Dieu, le vrai Dieu, le Tout Puissant, mais aussi que désormais, la Paix était là, et qu'elle serait donnée à tous les hommes, parce que Dieu aimait tous les êtres qui sont sur cette terre et que la Paix, c'était cet enfant, ce conseiller merveilleux, qui nous la donnerait.

Nous l'avons trouvée cette étable; nous l'avons vu ce petit agneau qui venait de naître. Et nous, les mal-aimés, nous avons aimé et adoré ce petit être. Nous avons donné à ses parents ce que nous avions apporté; puis nous sommes revenus nous occuper de nos troupeaux. Et, oh miracle, nous avons trouvé plein d'agneaux nouveau-nés.

La grande joie que nous avons ressentie, nous ne pouvions pas la garder pour nous, alors nous sommes allés raconter à tous ce qui venait de se passer; mais ils ne nous ont pas cru, et ils sont restés bien au chaud dans leurs maisons. Mais nous, nous savions que ce que nous avions vu, c'était le ciel qui s'était ouvert.

2. BETHLÉEM: la circoncision

8 JOURS PLUS TARD

Marie raconte:

Oui, il a été bien courageux, il n'a pas trop bougé, mais il a pleuré bien fort mon petit garçon. Il a eu mal, et même si Joseph le tenait fermement sur ses genoux, et même si ça a été rapide, il a donné des ruades. Nous avions cherché un prêtre dans Bethléem qui aurait pu faire cela, mais nous n'en n'avons pas trouvé. Alors j'ai pensé au mari de ma cousine Elisabeth, qui est prêtre et qui est habilité à accomplir ce geste, puisqu'il met à mort les agneaux pour la Pâque et qu'il est réputé pour faire ce geste sans les faire souffrir. J'ai demandé à la famille qui nous avait accueillis de bien vouloir aller le chercher.

Il faut dire que les bergers qui sont venus nous voir n'ont pas tenu leur langue, et qu'ils sont allés dire à ceux qui leur achetaient des fromages et du lait de brebis, qu'il y avait un couple qui venait de donner naissance à un petit et qui était dans une étable. Du coup une des familles est venue nous chercher pour nous prendre chez eux. Et la première semaine a passé très vite, et le temps de "nommer" notre enfant est arrivé.

Donc, il était sur les genoux de Joseph. Bien sûr on a bien nettoyé la lame, on l'a aussi passée à la flamme du feu qui était dans l'âtre, on a fait tout ce qu'il fallait pour que ça se passe bien, mais c'est mon bébé, et voir son sang couler, pour moi c'était très dur. Zacharie a très bien fait, mais mon petit a eu mal, il s'est un peu débattu, il a pleuré et moi, j'ai eu mal pour lui, mal en lui, mal en moi.

Je sais qu'une alliance ça doit se sceller dans le sang, mais pourquoi pas le sang des animaux? Pourquoi le sang des petits garçons? Pourquoi cette mutilation? Oui je sais que tout l'enfant mâle appartient au Seigneur, et là c'est juste un petit morceau de peau qui en quelque sorte évoque le tout, qui est donné en signe d'alliance, mais quand même.

Le sang versé est du sang versé, la douleur est la douleur. N'allez pas me dire que les bébés ne sentent rien. J'ai entendu ces petits pleurs, j'ai vu qu'il essayait de se tortiller, j'ai vu, qu'il avait mal, très mal et je sais qu'il aura mal encore un bon bout de temps, qu'uriner sera douloureux, et que je devrai veiller sur lui, sur mon petit garçon qui a aujourd'hui reçu son nom bien à lui, celui de Joshua, "Dieu sauve", et que c'est tout un programme. Heureusement il a pris mon sein après, il s'est calmé, et il s'est endormi et il m'a semblé que lorsqu'on l'appelait par son prénom tout neuf, il souriait.

Ce rite qui a été donné à Abraham est un rite d'alliance, et je sais que mon Fils sera celui qui établira une nouvelle alliance entre Dieu, Béni soit-il, et notre peuple, et que nous serons enfin sauvés, délivrés du mal, délivrés de l'esclavage du péché.

J'espère qu'il trouvera un autre type d'alliance, une alliance qui ne sera pas scellée dans le sang: cette alliance dont parle le prophète Jérémie, qui parlait de la circoncision du cœur. Mais quelque chose en moi me dit que ça ne se passera pas ainsi, qu'un jour il donnera sa vie, son sang, tout son sang pour que la nouvelle alliance puisse advenir, cette alliance dont nous rêvons tous, nous les petits, nous les pauvres, nous les dépendants, nous les humbles. Et ce jour-là, il portera vraiment son nom: Dieu sauve.

SIX SEMAINES PLUS TARD

3. JÉRUSALEM: consécration de Jésus au Temple

Quand l'enfant a 6 semaines, la famille va au Temple présenter une offrande qui peut avoir un double sens: le premier étant le rachat du premier-né, qui d'office appartient au Seigneur depuis la sortie d'Egypte; le second étant ce que l'on doit offrir pour la femme qui, ayant accouché et perdu du sang, est considérée comme impure. Nous savons par Luc que, lors de cette cérémonie, Marie va rencontrer un certain Syméon, homme rempli lui aussi d'Esprit Saint. Et j'ai voulu raconter cette rencontre, tant du point de vue de Marie que du point de vue de Syméon.

Marie raconte:

Cela fait quarante jours que mon fils est né. Il est beau, il sourit, il commence à tendre les bras, ses yeux sont encore bleus, mais je me demande quelle couleur ils auront plus tard: verts comme ceux de David son lointain ancêtre? Marron, comme ceux de Joseph, même si Joseph n'est pas son père, parce qu'il lui ressemble beaucoup? Bleus comme les miens? Je ne sais pas.

Mais aujourd'hui est un jour spécial: nous allons au Temple pour accomplir le rituel de la consécration des premiers–nés; et consacré, mon fils il l'est, et oh combien! Nous avons acheté un couple de tourterelles (cela me fend le cœur, mais c'est ainsi et ce n'est pas nous qui les mettons à mort, sauf que je ne comprends pas bien pourquoi tuer), qui seront comme le prix à payer pour que notre fils (Son Fils) vienne vivre sa vie avec nous ses parents.

Au moment où le prêtre qui était de service ce jour-là devait accomplir ce double geste - celui de l'offrande que nous faisions à Dieu, Béni Soit-il, et le sacrifice des colombes qui est ce geste de rachat - est arrivé un homme d'un certain âge. J'ai senti que c'était lui qui devait tenir mon fils durant le temps du sacrifice des oiseaux. Je lui ai mis mon fils, mon premier-né, dans les bras, et cet homme que je ne connaissais pas a paru rempli d'une joie immense.

Il a alors remercié, loué notre Dieu de lui avoir révélé qu'en notre fils, il y avait plus qu'un fils, il y avait celui qui était choisi depuis toujours pour être celui qui serait le Messie, le sauveur de notre peuple, mais aussi qui révèlerait la Gloire de notre Dieu au monde entier.

Ce qu'il disait me comblait de joie, mais il a dit une phase terrible, il a dit qu'un glaive transpercerait mon cœur, il a dit que mon fils, un peu comme ce glaive, ouvrirait le cœur des hommes et qu'alors se révèlerait leur vrai désir.

Joseph me regardait, je regardais Joseph, je regardais Syméon, car c'est le nom de cet homme, et je savais bien qu'il avait raison, que la vie de mon fils se terminerait peut-être de façon dramatique, mais pour le moment, c'était mon tout petit et j'étais si fière de lui que tout, en moi, tressaillait de joie, malgré ce futur.

Syméon raconte:

Il me l'avait promis, il me l'avait promis et c'est arrivé.. Je n'avais pas prévu d'aller au Temple ce jour-là, mais j'ai su que je devais y aller. Je me suis levé, j'ai pris ma canne, car j'ai du mal à marcher, maintenant que les cheveux blancs sont là... Et je me suis mis en route.

Je suis entré dans le Temple, et j'ai dit au Seigneur: "Guide moi" et il m'a guidé. Il m'a conduit vers un jeune couple, enfin surtout elle, qui venaient pour accomplir le rite de la consécration du premier-né et le sacrifice qui est, soit celui du rachat de ce premier-né, soit celui de la purification de la mère.

J'ai vu le couple, j'ai vu l'enfant, le petit enfant, et la joie a explosé en moi. Je savais que celui-là serait la Consolation de mon peuple, qu'il lui redonnerait cette Gloire qui est celle du Dieu en qui j'ai mis ma foi. Je savais qu'il révèlerait au monde entier la Puissance, la Miséricorde et l'Amour de notre Dieu. Des mots sont sortis de mes lèvres, des mots que je ne pouvais retenir, qui chantaient cet enfant, que je tenais dans mes bras car sa maman, qui devait elle aussi être mue par l'Esprit Saint, me l'avait déposé dans mes bras; et il me regardait, ce bébé, avec ce sourire qui vous fait fondre.

Mais j'ai aussi ressenti qu'à cette jeune femme, qui en quelque sorte me donnait son bébé, je devais dire quelque chose, que je devais la prévenir que ça ne serait pas facile pour elle; et j'ai vu qu'un jour son cœur serait comme transpercé par la douleur, et je le lui ai dit. Je lui ai dit aussi que ce petit être, un jour, il serait dans notre nation non pas un signe de paix, de concorde, mais un signe de division, parce que cela elle devait le savoir.

Elle a d'abord paru un peu étonnée, mais je crois qu'elle savait déjà tout cela, sans trop le savoir.

Puis je me suis retiré, je suis rentré chez moi, sachant que désormais ma mort serait douce, parce que mes yeux avaient vu…

4 BETHLÉEM: l'Épiphanie

QUELQUE TEMPS APRÈS LA NAISSANCE, MAIS QUAND?

Pas trop évident de situer cette rencontre. On imagine toujours que les "sages", arrivent à Bethléem peu de temps après la naissance, parce qu'on les voit avec la crèche; mais dans l'évangile de Matthieu, Marie et Joseph habitent dans cette ville, la naissance s'est passée normalement et le temps a passé depuis la naissance. Si c'est Marie qui reçoit les visiteurs, peut-être que Joseph travaille sur un chantier; la vie s'écoule, l'enfant se développe. Et cette visite, ce n'est pas n'importe quoi. Il y a de quoi garder toutes ces choses dans son cœur. Mais en même temps, elle met le feu aux poudres, puisque Hérode en veut à la vie de l'enfant et qu'il s'en suit la fuite en Egypte..

Les mages peuvent raconter, Marie peut raconter.

Les savants racontent:

Nous sommes des amoureux des étoiles et des constellations. Nous savons qu'elles peuvent nous dire des choses sur ce qui va se passer dans l'année: si les récoltes seront bonnes, si tel ou tel enfant aura un destin particulier. Et voilà que nous avons vu dans le ciel une constellation que nous ne connaissions pas. Nous avons consulté les écrits, les calendriers des anciens, et nous avons compris qu'un événement sans précédent se préparait ou était arrivé. Alors nous avons fait des calculs, et nous sommes partis à la recherche de celui qui un jour serait roi. En chemin, nous l'avons perdu cette étoile, mais comme nous n'étions pas loin de Jérusalem nous avons continué notre route jusque là. Nous savons que ce petit peuple, qui comme nous est sous la domination des Romains, attend un Sauveur, un Roi. Alors une fois arrivés à Jérusalem (il faut dire que nous ne passons pas inaperçus), nous avons demandé une audience auprès d'Hérode le Grand. Quand nous lui avons parlé d'un roi qui devait naître, il nous a semblé qu'il n'appréciait pas trop, mais il a fait venir ses devins qui ont parlé d'un village d'où devait venir ce futur roi. Il s'agissait de Bethléem, la ville d'où était né leur roi David. Comme nous avions décidé de partir, Hérode est venu nous voir dans notre campement pour nous dire de nous renseigner sur cet enfant, pour qu'il puisse lui rendre hommage. Mais quelque chose sonnait faux dans cet homme. Pourquoi venir en "douce", pourquoi ne pas venir avec nous?

Bref nous voilà repartis et l'étoile, qui avait disparu, s'est remise à briller. Nous avons trouvé le village, trouvé la maison, et là, nous avons vu une toute jeune femme et son bébé. Ils avaient l'air si heureux. Nous leur avons parlé du signe de l'étoile, et nous leur avons offert ce qui nous paraissait le mieux. De l'or, parce que c'est symbole de pureté et d'éternité, de l'encens, parce que cet enfant était plus qu'un enfant, il était fils de Dieu; et de la myrrhe, parce que nous pensions qu'un jour sa vie malgré tout s'achèverait.

La jeune femme nous a retenu pour partager un repas avec elle. Son mari n'était pas là. L'enfant était souriant. Puis nous avons pris le chemin du retour, mais un autre chemin parce

que l'un d'entre nous avait eu un songe dans lequel il fallait éviter Hérode, et de cela nous étions bien convaincus.
Nous étions remplis de joie...

Marie raconte:

Imaginez notre stupeur quand dans notre village est arrivée une caravane de chameaux, avec trois hommes, habillés comme des astrologues, ces astrologues qui habitent dans le pays de notre Père Abraham. Et c'était mon fils qu'ils cherchaient.

Je trouvais que ma maison n'était pas à la hauteur pour eux, et en plus Joseph était en déplacement, il avait une toiture à refaire. Mais ils n'ont rien regardé, ils ont demandé à voir mon fils, et ces grands de la terre se sont inclinés devant mon tout petit. Je sais bien moi, que mon tout petit est le Fils du Très-Haut, mais à part moi, qui le sait? Et eux, même s'ils ne le disaient pas, ils savaient; ils savaient que mon Fils serait le Roi, non pas d'Israël, mais du monde entier.

Ils lui ont offert de beaux présents, de l'or, un or très pur, très lumineux qui ressemblait un peu à un soleil ou à un feu; de l'encens, et cela m'a étonnée, parce que l'encens c'est à Dieu qu'on l'offre, alors peut-être qu'ils savaient de qui mon fils était le fils; et de la myrrhe, et cela, c'est ce qui sert à ensevelir les morts; et j'ai pensé à ce qu'avait dit Syméon, sur ce glaive de douleur qui transpercerait mon cœur, et j'avais un peu mal .

Ils ne sont pas restés.. Ils m'ont dit de me méfier d'Hérode et ils ont pris le chemin du retour, mais un chemin qu'un ange leur avait montré. Et j'ai gardé tout cela dans mon cœur.

5 BETHLÉEM: le massacre des saints innocents

Cet épisode affreux est rapporté par Matthieu et montre bien ce qu'est le cœur de l'homme quand il se sent menacé. Tuer pour être sûr de régner, de garder le pouvoir, de dominer.

Hérode raconte:

Non, non et non. On ne me résiste pas à moi. Cela fait des jours et des jours que j'attends qu'ils reviennent à Jérusalem, ces étrangers qui ont parlé de cet enfant roi qui devait me supplanter. Mais non, rien. A croire qu'ils avaient compris que jamais je n'aurais rendu hommage à cet enfant. Ces enfants là, on les tue dans l'œuf. C'est moi qui ai fait du temple de Jérusalem ce qu'il est aujourd'hui, et un enfant, un soit disant descendant de David, ce drôle de roi chanteur et danseur, viendrait me ravir ma gloire..

Alors, puisque je sais que l'enfant a moins de deux ans, je vais envoyer ma troupe, ne suis-je pas le roi? Et ils massacreront tous les bébés, comme ça je serais tranquille, ma dynastie sera assurée.

Et c'est ce que j'ai fait. Il y a eu des pleurs, des hurlements dans la région de Bethléem, et je suis un roi honni, mais peut m'importe. Ce qui m'ennuie davantage, c'est que mes espions m'ont parlé d'un homme qui allait avec sa femme en direction de l'Egypte, et là je ne peux rien faire. Mais ils n'ont pas parlé de bébé.. Peut-être qu'il était caché, je ne sais pas. Mais personne ne m'ôtera ma royauté. Et si cet enfant est vivant, j'espère bien que lui et ses parents paieront leur affront, et qu'il sera mis à mort par ce pouvoir romain que je hais et qui m'empêche d'être vraiment le roi de ce pays.

Quant au Dieu qui aurait voulu cela, pour moi il n'existe pas; je suis un Dieu, et ce que je veux, je le fais.

6 JÉRUSALEM: douze ou treize ans plus tard
JÉSUS DANS LE TEMPLE.

Le titre classique, c'était Jésus perdu et retrouvé. Puis on a parlé de fugue, ce que je n'aime pas, pour se mettre dans l'air du temps. Et peut-être que si Jésus quitte ses proches, c'est pour se trouver lui-même. A treize ans, on commence à savoir ce que l'on fait.

Jésus raconte:

Ils n'ont vraiment rien compris, et ça promet pour le futur, quand je quitterai la maison pour annoncer la bonne nouvelle, pour dire que mon père le Très-Haut, le Tout Puissant, est présent aujourd'hui dans le peuple qui est le sien, le peuple qu'il a ramené d'Egypte, le peuple qui doit révéler sa présence au monde entier.

Cela faisait au moins deux ans que j'attendais cette montée à Jérusalem pour célébrer la Pâques, manger l'Agneau Pascal. Et là, avec mes douze ans révolus, c'était enfin possible. Mais le Temple, la demeure de mon Père, je voulais m'en imprégner, je voulais la ramener dans mon cœur, dans mon corps, dans mon esprit, avec moi à Nazareth.

Alors au lieu de rentrer avec eux, je suis resté. J'ai regardé, j'ai écouté et j'ai parlé avec tous ces sages qui lisent et relisent les paroles des textes saints, qui en sont nourris; qui l'aiment, cette parole. Il y a toujours eu quelqu'un le soir qui m'a proposé de dormir chez lui, et j'ai appris ce qu'est l'hospitalité.

Que j'ai aimé ce temps, que j'ai aimé ces jours où je me sentais nourri, porté par la parole, mais aussi par ces hommes qui étaient là.

Au bout de trois jours, mes parents sont arrivés. Je savais bien qu'ils étaient inquiets, qu'ils pouvaient être en colère. Qu'est ce que ça sera quand mon corps leur sera enlevé pendant la même durée..

Je ne me suis pas excusé, je n'ai pas demandé pardon d'avoir créer cette inquiétude, non, je leur ai rappelé que si j'étais dans ce monde, c'était pour être le témoin de mon Père. Je sais que cette phrase a été comme un coup de poignard pour ma mère, qu'elle n'a pas compris, mais que tout cela prendrait un sens pour elle plus tard, bien plus tard.

Vous qui connaissez mon histoire, souvenez vous des pèlerins d'Emmaüs, et regardez les mots employés par Luc. Eux aussi sont inquiets, eux aussi étaient en route pour rentrer chez eux, eux aussi ont perdu quelqu'un. Eux aussi auraient pu me dire: pourquoi nous as tu fait cela. Alors, croyez-moi ou pas, mais le cœur de ma mère, le cœur de mon papa Joseph, ils étaient tout brûlants d'amour de m'avoir retrouvé.

Marie raconte:

On était si contents d'aller enfin avec lui pour cette fête de la Pâque dans la ville sainte. De Nazareth à Jérusalem, cela fait du chemin, et c'est une petite caravane qui a quitté le village. On avait loué, comme chaque année, une salle chez un ami qui habitait autrefois Nazareth, et on a célébré notre fête. Puis on a pris le chemin du retour. J'aurais bien dû me douter qu'il se passerait quelque chose, parce que quand nous nous sommes mis en route, il n'était pas là, mais comme il aime bien sa petite cousine Rachel, j'ai pensé qu'il ferait la route avec elle.

Seulement on a bien dû se rendre à l'évidence à l'étape, il n'était pas là. Alors, très inquiets, parce que qu'on ne sait jamais ce qui peut se passer dans une ville comme Jérusalem, on est reparti dans l'autre sens. Je me doutais bien qu'il serait dans le Temple, parce que finalement nous y avions passé peu de temps et que le Temple c'est le lieu de la Prière, c'est le lieu des enseignements, c'est le lieu des sacrifices, et c'est là que nous l'avons trouvé.

Il avait l'air bien, il était assis au milieu des docteurs et ça discutait ferme. Il avait l'air si heureux, mais comment a-t-il pu nous faire cela, nous laisser dans l'inquiétude? Quand je lui ai demandé pourquoi il nous avait fait vivre cela à son père et à moi-même, il a eu un petit sourire et il a répondu qu'on n'aurait pas dû le chercher, ce qui sous-entend qu'un enfant de 12 ans se sentait capable de rentrer tout seul à la maison quand il l'aurait jugé bon, ce qui est quand même un peu énorme, parce qu'un enfant ça reste un enfant. Il a ajouté qu'il se devait aux affaires de son Père (ce qui a été dur pour mon cher Joseph), mais pourtant ça, nous le savions, seulement on se ferme un peu les yeux et les oreilles pour vivre le présent.

Il est rentré avec nous, simplement, et la vie à repris son cours, vie simple et paisible; mais je n'étais plus aussi tranquille, je pensais à ce jour où il serait pris par sa mission, le jour où partirait; le jour où il retrouverait son cousin pour annoncer le royaume.

7 SUR LES BORDS DU JOURDAIN, TRENTE ANS PLUS TARD: le baptême

Le temps de Noël s'achève par le baptême de Jésus, baptême rendu possible par le ministère de Jean. Or, même si on admet que le choix des rédacteurs des évangiles est de montrer qu'il n'y a pas deux doctrines, celle de Jean avec le baptême de pénitence (ou de conversion), et le baptême de Jésus dans l'Esprit (et que c'est bien ce baptême là qui a fait de Jésus réellement le Saint de Dieu, le Fils), il n'en demeure pas moins que Jean attend celui qui doit venir, et que Jésus ne prend sa stature qu'après le baptême, comme si quelque chose s'était, non pas réveillé en Lui, mais éveillé. Je voulais dans un premier temps essayer de me centrer sur Jésus et sur l'expérience qu'il vit dans ces eaux du Jourdain, mais ça ne venait pas. Par contre, en me centrant sur Jean, cela coulait de source. Alors voici le dernier pour conclure ces figures du temps de Noël.

Jean raconte:

Je savais bien que ça allait arriver, qu'il allait venir, que je le reconnaîtrais.

Lui c'est cet homme qui a presque le même âge que moi, le fils d'une petite cousine de ma mère, donc un cousin, un frère, sauf que je ne l'ai jamais rencontré.

Il faut dire que mes parents, qui m'ont eu tardivement, qui m'ont reçu comme un cadeau - car à leur âge avoir un enfant c'était impensable - m'ont raconté pourquoi ce miracle avait eu lieu pour eux, et que je serais un jour celui qui annoncerait sa venue.

Ma mère m'a raconté que quand Myriam, cette petite cousine de Bethléem, la fiancée de Joseph, est arrivée, alors que rien, mais vraiment rien, ne pouvait faire imaginer qu'elle attendait elle aussi un enfant, moi, j'avais comme tressailli en elle, qu'elle avait senti que l'Esprit tombait sur elle, tombait sur moi. Elle avait ressenti une joie intense, joie de me savoir bien vivant, mais aussi une autre joie, celle de savoir qu'une autre vie était en route, et que celui-là serait le Sauveur que nous attendions; et que moi, je serais celui qui préparerait sa voie.

Mais la vie a fait que cet enfant, je ne l'avais jamais rencontré. Je savais qu'un jour il serait là, mais c'est tout ce que je savais. J'imaginais que lorsqu'il prendrait la parole, il serait comme une faucille qui vient faire la moisson, et qu'il séparerait le bon grain du mauvais, qu'il purifierait le peuple. Et moi, la voix qui crie dans le désert, j'appelais le peuple à la conversion.

Comme j'avais vécu dans le désert et rencontré les Esséniens, ces hommes qui se purifient pour accueillir celui qui doit venir, j'avais compris que je devais demander à ceux qui, comme moi, attendaient le Messie et qui voulaient être prêts, un geste fort. Ce geste c'était de faire comme jadis Naaman le Syrien, de se plonger dans les eaux du Jourdain, pour que ces eaux saintes les débarrassent de la lèpre du péché; et qu'en sortant de ces eaux ils changent de vie. Très vite j'ai eu des disciples qui sont venus me rejoindre, mais ils savaient que je n'étais pas le Messie.

Un jour, pendant que je priais, j'ai eu comme une vision. J'ai vu un homme jeune, qui venait pour être plongé dans les eaux du fleuve. Et tandis qu'il remontait, je voyais comme une colombe qui venait d'en haut et qui se posait sur lui. Et cette image de la colombe, cet oiseau qui montrait à Noé que la terre portait à nouveau du fruit, était là. Et j'espérais que cela adviendrait.

Et le temps a passé, et j'attendais.

Et voilà qu'un jour, je l'ai vue la colombe. Elle s'est posée sur cet homme qui disait se nommer Yeshoua de Nazareth; et j'ai vu les cieux qui s'ouvraient, la terre et le ciel enfin réunis, et une voix qui disait: "Celui ci est mon fils bien-aimé, celui en qui j'ai mis toute ma joie, tout mon amour". Comment un être humain peut-il être comme le réceptacle de l'Amour du Très-Haut? Cela je ne le sais pas, je ne le comprends pas, mais je sais que c'est vrai. En Lui, Dieu est présent. Cette voix, je ne sais pas qui l'a entendue, mais en moi, elle a résonné.

J'ai aussi compris en un éclair que celui-là, celui qui venait de faire comme tous les pécheurs, de se plonger dans les eaux du Jourdain, n'était pas un pécheur, et serait comme l'agneau qui en Egypte avait permis au peuple de ne pas être confronté à la mort des premiers-nés; et que son sang donnerait la vie à notre peuple. Et moi, je sais que je ne suis pas digne de toucher même la courroie de ses sandales. Il est le Saint.

Cela, je l'ai transmis à mes disciples; certains m'ont quitté pour aller vers lui, et je m'en réjouis, car je suis comme l'ami de l'époux et ma joie est parfaite. Certains de ceux qui le suivent m'ont raconté qu'après son baptême il avait été conduit par l'Esprit dans le désert, qu'il avait rencontré l'Adversaire et qu'il l'avait vaincu, et qu'il annonçait que le Royaume était tout proche.

DEUXIÈME PARTIE: RÉCITS

Dans cette deuxième partie, j'ai regroupé les textes postérieurs à Porteuse d'eau, tome 6. Comme ma veine s'était un peu tarie en 2018, année de mon baptême dans l'Esprit, les textes sont soit des textes datant de 2017, soit des textes qui naissent des textes proposés surtout cette année. Peut-être que la relative sécheresse a permis de forer de nouveaux puits, ce qui est important pour une Porteuse d'Eau.

Il ne faut pas être surpris de trouver des doublets, puisque dans les évangiles de semaine, d'une année sur l'autre on prend Marc, Matthieu et Luc, Jean servant pour les temps "hors du temps", temps entre Pâques et la Pentecôte, entre autre. Mais je pense que même si c'est le même texte, ma manière de l'aborder change avec les années qui passent. L'important étant peut-être que certains textes continuent à "me travailler" encore et encore.

Les récits que je propose, suivent de fait les textes proposés par la liturgie, donc Luc pour les dimanches, Marc pour la semaine, avec parfois un autre évangile, en fonction des fêtes, du moins pour l'année 2019 qui ne fait que commencer.

Textes de 2019

MATTHIEU

Jésus marche sur la mer. Mt 14, 23-33

Nous avons lu ce chapitre en groupe il y a quelques jours. Quand cet épisode est proclamé le dimanche, le prêtre parle en général de la barque de l'église qui est battue par les flots, par le mal; et en ce moment il semble bien que l'église vive quelque chose comme cela. Mais ce qui m'a intéressée, c'est que Jésus n'est pas reconnu, et que Pierre lui demande une preuve, comme Thomas le fera plus tard après la résurrection. Alors peut-être que le Christ est déjà là au milieu de ce qui se passe; encore faut-il lui faire confiance et penser à tous ceux qui, jour après jour, sont ses disciples.

J'ai donc tout d'abord repris simplement le texte, tel qu'il se donne à lire. Ensuite j'ai laissé Thomas raconter à sa manière "ses tempêtes".

Dans l'évangile de Matthieu on trouve, après le chapitre consacré aux paraboles, un chapitre relativement "actif". Jésus, qui a appris la mise à mort de Jean-Baptiste, préfère prendre ses distances et va dans un lieu désert; mais pas si désert que ça, puisque les foules le suivent. Il enseigne, et le soir venu ses disciples lui font remarquer, en parlant de nourriture, que peut-être ça serait bien qu'il s'arrête, qu'il s'occupe un peu d'eux, et qu'il renvoie tout le monde. Mais ça, c'est mal connaître Jésus: d'abord les autres.. Et il prend le pain prévu pour les siens, et nourrit plus de cinq mille hommes. Nous connaissons bien ces textes, mais il est évident que pour ceux qui participent à cela, un nouveau Moïse est là. Et Moïse, c'est le libérateur, celui qui a fait de grands miracles. Jésus ne veut pas être le nouveau Moïse, et avant même de renvoyer la foule il renvoie ses disciples...

La phrase "**il obligea ses disciples à monter dans la barque**" évoque un peu une résistance de leur part... Surtout qu'il ne les accompagne pas. Jésus les pousse à reprendre la mer, à ne pas voir ce qui se passe, et c'est lui tout seul qui renvoie la foule. J'ai un peu l'impression que les disciples ont pu se sentir lésés. Comme quoi obéir, ce n'est pas si facile.

Là-dessus, quelque chose se passe. Et là encore, tel que c'est décrit, il semble que le lac se déchaîne contre la barque, **la harcèle** comme dit la B.J., pour la faire chavirer, pour se débarrasser de ces hommes qui un jour continueront la lutte contre le mal. Comme ces forces savent qu'elles ne peuvent rien contre Jésus, elles s'attaquent, comme on dit, aux maillons plus faibles.

Là-dessus, alors que le jour n'est pas vraiment là, Jésus décide de rejoindre la barque. On peut imaginer la stupeur de ces hommes qui sont dans un demi jour, qui voient une silhouette un peu fantomatique, dans l'écume, qui s'approche: de là à le prendre pour un **fantôme**, un esprit du mal sorti des profondeurs, ce n'est pas difficile.

Mais le fantôme parle; et la phrase dite ne peut que résonner avec d'autres phrases adressées à des demandeurs de guérisons: "Confiance!..." Cela, c'est une phrase qui appartient bien à Jésus. Puis arrive: le "C'est moi, n'ayez pas peur", qui aurait dû les rassurer, mais la réaction de Pierre prouve qu'il n'en n'est rien. En fait il demande à cette silhouette de faire un miracle pour lui, pour lui prouver que justement c'est bien Lui, parce que ça Pierre en est sûr, si c'est son Maitre, il ne le laissera pas mourir.

Alors Pierre fait confiance, il "vient", et manifestement Jésus n'est pas tout près de la barque. Un peu comme un enfant qui fait ses premiers pas, Pierre, au lieu de regarder les bras de sa maman, regarde autour de lui, et voit ce que souvent nous appelons des moutons, ces vagues couronnées d'écume qui se chevauchent, qui vont vite et qui montrent combien ça remue. Et Pierre a peur, tellement peur **qu'il perd pied** au sens fort, qu'il se sent aspiré par cette eau et qu'il commence à se noyer. Et de là l'appel: "Seigneur sauve-moi". Et ce "sauve-moi", c'est sauve-moi de la mort; là il ne se pose plus de questions, Pierre, il sait que l'autre, c'est bien Jésus. Comme quoi parfois l'expérience de la mort proche peut ouvrir les yeux.

Le texte dit alors que Jésus étend la main et le saisit, ce qui laisse à supposer que Pierre avait déjà presque atteint Jésus, et que Jésus s'est déplacé pour aider son disciple. Le geste est beau, étendre la main vers, c'est presque un geste de bénédiction. Par contre saisir c'est autrement plus fort. Si on essaye de voir l'image, c'est comme si Pierre était en train de glisser et que Jésus le retient fermement.

Les deux montent dans la barque toujours secouée par les vagues et ce n'est qu'à ce moment-là que la tempête se cal-

calme; et que ceux qui sont là se prosternent (pas facile dans une barque), et reconnaissent à ce moment-là en Jésus le Fils de Dieu.

Thomas raconte:

On venait d'apprendre qu'Hérode avait fait assassiner Jean dans sa prison et qu'il pensait que Jésus était comme une réincarnation de Jean. Alors il valait mieux prendre la fuite, au cas où il aurait eu envie de mettre Jésus en prison, comme Jean. On a pris la barque et on voulait trouver un endroit sur la rive, mais en dehors de la ville. Seulement voilà, le bouche à oreille à dû fonctionner, quand on a accosté il y avait une foule immense. Nous qui pensions avoir un peu notre maître pour nous tous seuls! Et bien sûr, il en a guéri tout plein; il leur a parlé, et parlé et encore parlé; et l'un dans l'autre le jour baissait. On s'est regardés, et on s'est dit qu'il fallait lui demander qu'il renvoie tout le monde parce qu'il allait faire nuit, et que bien sûr il n'y avait aucun endroit pour acheter à manger.

Là, il nous a demandé ce que nous avions, nous. On n'était pas trop contents, mais on lui a dit qu'on avait avec nous 7 gros pains et curieusement deux poissons. Et il a dit aux gens de s'asseoir. On ne comprenait pas ce qu'il comptait faire.

Alors là, vous n'allez pas en croire vos oreilles: il a pris un pain, il a regardé vers le ciel, longuement, il a prononcé la bénédiction sur le pain, il l'a rompu et il nous a dit de distribuer les morceaux; et là, des morceaux, il y a en a eu pour tout le monde! Vous ne pouvez pas imaginer le nombre de pas qu'on a faits pour donner aux uns et aux autres. Pour les poissons c'était pareil. On avait l'impression d'une espèce de folie, mais une folie qui faisait du bien. On ne comprenait pas, on allait, on venait, on donnait encore et encore. Et au final il y a eu des restes; beaucoup de restes. On pensait pouvoir manger, nous, un peu tranquilles au lieu de grapiller un morceau par ci par là. Mais non, il nous a ordonné de prendre la barque, et d'aller sur l'autre rive. Je dois dire qu'on n'était pas trop contents, mais on lui a obéi. Une journée comme ça, c'est usant.

Bref on est repartis et voilà qu'à la fin de nuit, le vent s'est levé. Une vraie tempête, et on avait vraiment l'impression qu'elle était dirigée contre nous, et que les vagues qui venaient frapper la coque du bateau étaient bien plus nombreuses que les autres; et il faisait sombre. Et alors tout à coup on a vu une sorte de silhouette qui s'approchait vers nous. On a vraiment eu l'impression qu'elle sortait de l'eau, et qu'elle venait pour nous attirer dans les profondeurs. Mais le fantôme a parlé, et nous avons reconnu la voix de Jésus. Il nous disait d'être sans crainte. Pas si facile.

Et là, Simon, celui que Jésus a appelé Pierre, a voulu faire le malin. Ça c'est bien lui. Il voulait que la silhouette qui était là, debout dans les vagues, prouve qu'elle était bien Jésus. Des fois, les mauvais esprits, ça peut prendre la voix d'un vivant. Et il lui a demandé de lui ordonner d'aller jusqu'à lui. Et l'autre l'a fait, et Pierre est sorti de la barque!

On pensait vraiment qu'il allait se noyer. Mais non, il s'est mis à marcher vers la silhouette et puis tout d'un coup il s'est mis à hurler "au secours" et on a vu qu'il commençait à s'enfoncer. Alors Jésus, parce que là, nous avons enfin compris que c'était lui, lui a tendu la main; il s'est déplacé vers lui, et Pierre a attrapé la main, et tous deux sont arrivés au bateau et sont montés. On les a un peu aidés, mais qu'est-ce qu'on avait eu peur!

Et d'un coup la tempête s'est calmée. Là, ça a été plus fort que nous, nous nous sommes inclinés devant lui, lui qui avait été capable de marcher sur les vagues, lui qui avait fait marcher Pierre, lui qui avait fait tomber le vent; et on lui a dit que nous le reconnaissions vraiment comme le Fils du Très-Haut, Béni soit-il..

Puis nous avons accosté à Génésareth.

Au fond de moi je me demandais vraiment qui était ce Jésus, cet homme maître des éléments, et en même temps si attentif aux uns et aux autres.

Et puis du temps a passé, et nous avons connu la pire tempête qui puisse exister: Jésus a été arrêté, et crucifié comme un malfaiteur! Après, une femme est venue nous dire qu'elle avait vu Jésus, mais les femmes... Et nous nous terrions dans une salle, parce que nous avions peur des juifs. Ce premier jour de la semaine, je n'étais pas là. Les autres m'ont raconté que Jésus leur était apparu. Comme autrefois sur la mer déchaînée, ils ont cru que c'était un fantôme. Comme autrefois, il leur a dit de ne pas avoir peur, de ne pas craindre. Puis il leur a donné sa Paix. Alors là, c'est moi qui ai fait comme Pierre: qui ai voulu qu'il prouve que c'était bien lui. J'ai dit que je ne croirais que s'il montrait les trous des clous. Et voilà qu'une semaine plus tard il est venu, il s'est adressé à moi, il a montré les trous dans son corps. Là mon incrédulité a fon-

du comme neige au soleil. Comme autrefois, même si ce n'est pas rapporté par l'évangile, je me suis incliné devant lui, et en Lui j'ai reconnu Le Fils du Très-Haut, mais aussi celui qui était le Seigneur de ma vie: Dieu qui était présent. Et son Esprit est venu en moi, comme il était venu dans et sur les autres. Maintenant je suis vraiment son apôtre, son envoyé.

MARC

La résurrection de la fille de Jaïre Mc 5,21-43 racontée par son père

C'est un épisode bien connu, avec au milieu du récit, en sandwich comme on dit, la guérison de la femme qui perdait du sang. J'ai, il y a longtemps, raconté cette guérison. Aujourd'hui, je me suis centré sur cet homme qui est en train de perdre sa fille et qui, un peu en derniers recours, "saute" sur Jésus dès que celui-ci débarque de la Décapole. La phrase que Jésus dit est, pour moi, une des très rares phrases que j'ai vraiment reçue, non pas lors d'un groupe de prière, mais lors d'un baptême dans l'Esprit au cours d'une messe, il y a très longtemps. Et aujourd'hui cette phrase de vie reste fondamentale pour moi.

J'ai donc essayé de suivre Jaïre dans le chemin qui l'a mené au cours de cette journée là.

Jaïre...

Le trésor de ma vie refuse de manger depuis des semaines. Le trésor de ma vie ne veut rien, et sa maman et moi-même nous ne savons que faire. Et voilà qu'elle est couchée, qu'elle est tournée contre le mur, qu'elle ne parle plus, qu'elle ne veut même plus nous regarder. Si seulement Jésus était là, il pourrait faire quelque chose. Mais il n'est pas là. Et je ne sais que faire.

Et voilà que j'apprends qu'il vient de rentrer; alors je vais prévenir ma femme que je vais le chercher. Tant pis pour les pharisiens qui disent que ses miracles il les fait parce qu'il a fait un pacte avec le chef des démons. Moi je vais le chercher.

Je l'ai trouvé, et il me suit. Seulement il y a plein de gens dehors. Parfois je me demande ce qu'ils font de leurs journées. Et voilà que le Maître s'arrête. Il ne manquait plus que ça. Il veut savoir qui l'a touché. Et voilà que Salomé se jette à ses pieds, cette Salomé que personne ne visite plus, qui vit en recluse parce qu'elle perd du sang depuis des années, et dit que c'est elle qui l'a touché. Moi pendant ce temps là je bouillais. Et j'ai aperçu des gens de ma maison qui arrivaient, et j'ai eu peur quand je les ai vus. Et j'avais bien raison, car ils ont dit que la lumière de vie était éteinte.

Mais Jésus a dit qu'elle n'était pas morte, qu'elle dormait, et que ce qui comptait, c'était de ne pas écouter ces oiseaux de malheur et de croire en lui. On est arrivé chez moi, il y avait déjà les pleureuses. Jésus les a renvoyées en redisant qu'elle dormait. Tout le monde se moquait de lui, mais si je puis dire, il s'en moquait aussi.

On est montés dans la pièce où ma petite fille reposait. Les larmes nous sont montées aux yeux, à ma femme et à moi. Elle était si maigre, si légère, si petite. Jésus lui a pris la main, comme s'il voulait qu'elle se lève, comme on prend un enfant par la main. Il lui a dit "jeune fille lève toi" et j'ai vu ses yeux qui s'ouvraient, de la couleur revenir sur son visage, sa poitrine se soulever, et elle s'est levée. Elle est venue vers nous, et elle nous a tendu les bras.

Jésus nous a juste dit de lui donner à manger, et nous savions qu'elle mangerait enfin; et de n'en parler à personne. Cela, c'est nettement plus difficile. Parce que, bien sûr, ma femme voulait faire une grande fête: l'enfant que nous avions perdue était revenue à la vie.

Ce qui est certain c'est qu'il nous a rendu notre joie de vivre, et que quand je le regarde, je me dis qu'il est le nouveau prophète annoncé, qu'il est plus grand que le prophète Elie, qu'il est plus grand que le prophète Elisée; et qu'il est peut-être aussi le Messie que nous attendons, celui qui va nous libérer. Et j'ai hâte qu'il revienne dans ma synagogue pour commenter la parole.

La mort de Jean le Baptiste, Mc 6, 14-29 racontée par le garde requis pour l'exécuter

La mort de Jean le Baptiste revient fréquemment dans la liturgie, et elle est rapportée dans les synoptiques. Marc utilise dans son récit la renommée grandissante de Jésus, pour la comparer à celle de Jean. Or Jean a été mis à mort par Hérode, et celui-ci peut se demander comment ce nouveau prophète va agir vis-à-vis de lui. Jusque là Jésus ne s'en prend pas au pouvoir politique, mais sait-on jamais.

On sait par les autres synoptiques que Jean-Baptiste, de sa prison, avait envoyé des messagers à Jésus pour savoir si celui-ci est bien le Messie; la réponse de Jésus avait été que Jean est "cet Elie qui doit revenir", réponse étonnante quand on sait que Jean a été décapité. Pourtant certains, dont Hérode, se demandent ensuite si Jean est ressuscité dans Jésus; ce qui est quand même une drôle de croyance, mais qui montre qu'Hérode n'a pas du tout la conscience tranquille et qu'il craint que ce Jésus, comme Jean, ne vienne lui reprocher son mariage incestueux avec sa nièce Hérodiade, femme de son frère Philippe, qui s'est séparée de ce dernier pour vivre avec Hérode - qui est un meilleur parti.

Si Jean est Elie, alors Hérodiade est d'une certaine manière une nouvelle Jézabel, qui obtient ce qu'elle veut par le meurtre. Avoir la tête de quelqu'un montre bien la haine, et le désir de se débarrasser d'une personne gênante une bonne fois pour toutes. Tant que Jean est vivant, Hérodiade n'est pas tranquille, puisque Hérode le fait chercher dans sa prison pour parler avec lui; Hérode est un homme de compromis.

Le récit de cette mort, nous l'écoutons sans sourciller parce que nous y sommes habitués. Mais décapiter un homme, à froid si je puis dire, porter sa tête sur un plat, ce qui est digne des tragédies grecques, cela fait froid dans le dos.

Est-ce que l'Esprit Saint - qui parle à Jean, et lui a fait comprendre que l'homme qu'il a baptisé est celui qu'on attend -, le prévient et le prépare à ce qui va lui arriver? Rien n'est moins sûr. Et ce qui se passe là est un récit d'exécution politique.

Si on se réfère à la Bible, il y a Judith qui tranche la tête d'Holopherne en abattant le tranchant d'une épée sur la nuque de sa victime. Mais pour Jean-Baptiste il s'agit d'un soldat. Et ce soldat, comment peut-il vivre ce crime qu'on lui demande de commettre au nom de son obéissance? A-t-il pu entrer dans la cellule, et donner soit un coup de hache soit un coup d'épée comme cela, à froid, sur un homme qu'il pouvait estimer et respecter? Sans rien dire, sans rien ressentir?

Je ne sais pas comment les hommes lisent ce récit et l'imaginent, mais avec ma sensibilité, j'ai voulu essayer de mettre des mots dans la bouche de ce garde, qui a été obligé en pleine nuit, ou au petit matin, d'exécuter un saint homme; de manière à ce que ce récit, que nous lisons sans trop y faire attention, reprenne un peu sa dramaturgie.

Le garde qui a reçu l'ordre d'exécuter Jean raconte

Si j'avais su, j'aurais inventé quelque chose pour ne pas être de service ce soir-là! Je suis un des gardes du roi Hérode. Ce devait être un repas d'anniversaire, avec les dignitaires, certains de ses amis. Ces repas sont bien arrosés, si je puis dire.

C'est normal. Et quand ces messieurs sont bien imbibés, on ne sait jamais ce qu'ils peuvent faire.

C'était un repas normal en somme. Et puis Salomé, la fille d'Hérodiade, est entrée. Hérodiade, c'est la femme du roi Philippe, mais elle a quitté Philippe pour vivre avec Hérode; et cela Jean, celui qui baptisait sur les bords du Jourdain, le lui a reproché haut et fort. Comme Elie, il s'est attaqué au pouvoir royal, et cette nouvelle Jézabel lui en veut à mort. Elle est remplie de haine pour ce saint homme (il se nourrissait de sauterelles, il portait une peau d'animal, et il prêchait la conversion pour tout le peuple). Elle voudrait qu'il disparaisse, qu'il se taise, mais le roi ne le veut pas. Le roi, souvent, fait sortir Jean de sa prison, et il l'écoute; il aime l'écouter.

Je crois que tout ça, c'était une idée d'Hérodiade, car elle sait bien qu'un homme ivre est incapable de résister à la danse d'une aussi jolie fille. Et le roi, qui comme je l'ai dit avait beaucoup bu, lui a dit de demander tout ce qu'elle voulait, même si c'était la moitié de son royaume. Là, je savais qu'il disait un peu n'importe quoi, parce que son royaume, il le doit aux Romains, alors il ne peut pas en faire ce qu'il veut. Comme elle ne savait pas trop que demander, elle est allée voir sa mère. C'est là où j'ai vraiment compris que c'était bien un plan d' Hérodiade. Et cette mauvaise femme a demandé la tête de Jean.

Quand la jeune fille est revenue dans la grande salle, personne ne s'attendait à une telle demande. On pensait qu'elle demanderait des bijoux, ou de nouveaux esclaves. Mais elle a demandé que la tête de Jean lui soit apportée sur un plat.

Quand j'ai entendu cela, j'ai eu froid dans le dos. Comment pouvait-on avoir autant de haine pour quelqu'un.

Mais le pire c'est que le roi m'a donné l'ordre de décapiter Jean.

Bien que je sois un homme aguerri, tuer un homme, tuer un saint homme, j'ai eu peur; et j'ai eu envie de fuir. Mais si je refuse, je sais que ma famille sera passée au fil de l'épée.

Alors je suis allé dans la prison. Je suis entré dans le cachot. Et il m'a regardé, et je l'ai regardé. Je ne pouvais pas l'égorger, ni le frapper à la nuque par derrière. Ce n'était pas possible. Alors je l'ai étranglé, et ce n'est qu'ensuite que j'ai coupé sa tête. J'en fais encore des cauchemars, même quand je ne dors pas. Je me vois avec mon glaive en train de détacher la tête de son cou. C'est affreux.

J'ai posé la tête sur un plat, c'est un autre que moi qui a remonté la tête pour la donner à la jeune Salomée qui l'a remise à sa mère. J'espère que cette femme ira brûler dans la géhenne de feu.

Je ne suis pas revenu dans la salle du festin, d'ailleurs tous étaient plus ou moins dégrisés. Je suis allé prévenir les disciples de Jean pour qu'ils prennent le corps et qu'ils lui donnent une sépulture.

Et je vis avec cet acte qui m'a été imposé. Je sais qu'il y a ce Jésus, qui annonce lui aussi le royaume. Je sais qu'il a dit à un paralysé que ses péchés étaient pardonnés. Alors je vais aller le trouver pour qu'il me pardonne ce péché, pour qu'il me prenne comme disciple. Je ne veux plus être garde, je ne veux plus être sous les ordres de fous.

Le pur et l'impur. Mc 7, 1-23

La lecture continue de Marc propose, au début du chapitre 7, deux épisodes que j'ai regroupés en un seul. Au début, Jésus se fait tancer par les pharisiens qui lui reprochent de laisser ses disciples manger sans se laver les mains (ce qui est contraire à la tradition des anciens, et qui est pratiqué par tous les juifs, note Marc pour les lecteurs non juifs). Jésus semble s'emporter un peu sur cette "tradition des anciens" qui dénature la loi de Dieu donnée à Moïse, puis la question de l'impureté revient, comme si Marc se servait de ce petit épisode (mains non lavées) pour déboucher à la fois sur un enseignement - il n'y a pas de nourriture impure (ce qui renvoie aux actes des Apôtres au chapitre 10 -, mais aussi que même les païens (les impurs par définition) peuvent recevoir le salut (guérison de la petite fille de la femme syrophénicienne). En d'autres termes, la fin de ce chapitre montre bien que Jésus est celui qui détient une sagesse qui est au-dessus de la sagesse, et une intelligence qui est au-dessus des intelligences (Is 49, 14). Je cite ce verset car il suit directement celui qui est comme "balancé" aux pharisiens pour leur faire comprendre qu'ils se trompent, mais qu'ils ne peuvent pas ignorer.

J'ai eu envie de laisser parler un disciple, un de ceux qui ne s'est pas lavé les mains, pour raconter ce que lui a compris de tout cela.

Un disciple raconte :

Ce jour-là, on était à la maison, à Capharnaüm, mais comme le Maître nous avait donné un certain nombre de tâches à accomplir, et qu'il y avait tout le temps du monde qui venait pour voir Jésus, trouver le temps de manger n'était pas facile. En plus, il y avait des religieux venus de Jérusalem. Eux, ils ne venaient pas pour se faire guérir, ils venaient à mon avis pour espionner et chercher des noises à Jésus.

Comme nous avions faim, d'autant que nous nous étions levés tôt, pour prier avec notre Maître, qui lui se levait avant que le soleil ne se lève, nous avons déjeuné rapidement, sur le pouce comme on dit, sans nous laver les mains. Mais cela ne nous a pas empêchés de remercier le Tout Puissant qui nous permettait d'avoir de quoi manger, nous qui étions pris par le désir du royaume. Mais les autres, les observateurs, ils ont juste remarqué que nos mains n'avaient pas été lavées (ils disent purifiées), et aussitôt ils ont attaqué Jésus en lui demandant pourquoi il ne nous obligeait pas à nous laver les mains pour respecter la tradition.

Alors là, j'ai vu son visage changer de couleur. Le mot "tradition", il ne le supporte pas. Il nous montre comment aimer, comment écouter, comment porter du fruit, mais autrement, pas comme avant. Alors il leur a balancé une phrase du prophète Isaïe, pour leur faire comprendre que Dieu n'aimait pas ceux qui font semblant, ceux qui respectent une tradition mais qui dans leur cœur ne respectent pas les paroles données par Le Seigneur à Moïse sur la montagne. Et là, si je puis me permettre, ils en ont pris plein la g... Parce qu'il leur a parlé de ce "Korban" qui fait qu'au lieu d'aider les parents dans le besoin alors que c'est le cinquième des commandements donnés par Moïse, on laisse les parents crever de faim sous prétexte que l'argent est pour le Temple. Et là, il a bien raison notre maître.

Peut-être qu'ils ont pensé à la phrase du prophète qui suit celle que Jésus leur a citée, et qui dit que le 'Tout Puissant va émerveiller le peuple par la merveille des merveilles, que la sagesse de leurs sages se perdra et que l'intelligence de leurs intelligents disparaîtra". Et là, s'ils ont pensé à cette phrase, eux qui savent la Tora par cœur, ils ont dû vraiment se demander qui était cet homme qui leur répliquait, mais qui est bien le sage, rempli de la présence de son Père.

Alors, ils sont partis. Mais, je crois aussi que cette accusation d'impureté parce que nous ne nous étions pas lavé les mains, Jésus ne l'a pas digérée. Alors il a appelé tous ceux qui étaient là pour avoir une de ces phrases dont il a le secret, une sorte de maxime en fait, qui dit que ce qui rend impur ce n'est pas ce qui vient du dehors et que l'on met en soi; mais que c'est ce qui vient du dedans qui rend impur. J'ai bien pensé que cela concernait un peu ces envoyés qui sont remplis de mauvaises pensées, mais je ne savais pas trop.

Et puis, quand on s'est retrouvés seuls avec lui, on lui a dit qu'on n'avait pas trop compris. Comme souvent, il a levé les bras au ciel devant nos têtes qui ne comprenaient pas... Il nous a expliqué que ce qui vient du dehors, ce qui rentre en tous, les aliments, cela ne peut pas nous faire de mal, nous rendre impurs, parce que ça ne reste pas en nous, ça transite. Mais que ces pensées qui sont en nous, pensées où nous voulons dominer l'autre, le condamner, oui ces mauvaises pensées, celles-là elles font de nous des impurs. Du coup je me suis dit que désormais nous pourrions manger tout ce que la nature nous donnait, sans nous poser de questions sur le permis et défendu, et que cela serait une belle libération, mais que nous nous ferions sûrement mal voir. Enfin on verra plus tard. Mais les pensées, c'est autre chose.

Car moi, moi ces pensées, oui je les ai, et je n'en suis pas fier. C'est tellement difficile de ne pas convoiter, de ne pas dire du mal.. Pourtant je sais qu'avec lui j'apprendrai à ne pas les laisser me dominer et que petit à petit, lui qui est capable de purifier un lépreux, de guérir une femme qui perd du sang, de toucher un mort et de lui rendre la vie, il saura me purifier.

Le levain des pharisiens et des hérodiens - Mc 8, 14-21

Un disciple raconte:

On avait débarqué à Dalmanoutha.

Juste avant, le Maître avait à nouveau donné à manger à une foule d'hommes et de femmes venus pour écouter son enseignement et demander des guérisons. Il y avait eu des restes, mais on était partis un peu dans la hâte, parce que Jésus avait peur que ces hommes et ces femmes ne fassent de lui leur chef pour aller réclamer justice aux Romains, et on a tout laissé sur place ou presque.

Et là, à peine avions nous mis pied à terre, qu'une fois de plus les pharisiens nous sont tombés dessus; enfin ils sont tombés sur Jésus... Ils voulaient un signe venant du ciel; comme si ce pain donné dans le désert, même s'il ne tombait pas du ciel comme la manne, ce n'était pas un signe de la présence du royaume. Jésus manifestement en a eu assez, et les a envoyés bouler. Il a juste répondu que pour le signe, ils pouvaient se brosser. Et je ne sais plus s'il a haussé les épaules, mais avant de répondre il a soupiré très longuement, et moi j'avais l'impression que c'était comme un sanglot, sanglot devant leur incompréhension, sanglot devant leurs cœurs qui ne s'ouvraient pas.

Et je pensais à ce qu'il avait dit à cet homme qui n'avait jamais entendu de sa vie, qui émettait des sons qui ne ressemblaient à rien, et qu'il avait guéri dans le territoire de la Décapole. Il avait dit à cet homme "ephata": ouvre-toi. Et sa langue s'était déliée, ses oreilles s'étaient ouvertes, et il était devenu un homme nouveau, un homme ouvert aux autres. Il était sorti de son enfermement. Eux, ils sont dans leur enfermement, ils s'y trouvent bien et ils ne veulent pas en sortir. Quel miracle mon Rabbi devra–t-il faire pour qu'ils s'ouvrent?

Alors, on est repartis très vite. Du coup, pas le temps de faire de provisions. Et dans la barque, on a commencé à grogner. Normalement l'un d'entre nous aurait dû prévoir, et il ne l'avait pas fait. On avait juste un pain, et un pain ce n'est pas grand chose. Et en mer, on ne sait jamais ce qui peut se passer. On sait bien que Jésus est capable de faire taire une tempête, mais bon, il l'a fait une fois, est-ce qu'il le refera à chaque fois? Bref, on ne pensait qu'à ça.

Et voilà que lui, qui était comme d'habitude sur le coussin, il se met à nous parler. Il nous dit de nous méfier du levain des pharisiens et des Hérodiens. D'accord, parler de levain c'est parler de pain, et du pain on n'en a pas. Alors on n'a pas écouté, d'autant qu'on ne comprenait pas trop. Je pense qu'il parlait de ce que les pharisiens et les Hérodiens, qui veulent le faire mourir et ne s'en cachent pas, racontent sur lui: ces paroles de médisance. Un peu comme s'il avait peur que nous aussi nous finissions par y croire.

Il a bien vu qu'on était ailleurs. Et là, il a été dur envers nous. Je dirais qu'il nous a engueulés; il nous a dit que nous avions le cœur dur, que nous étions aveugles et sourds. Il nous a rappelé ces corbeilles pleines des restes… On a eu un peu honte… C'est vrai que tant qu'il est avec nous, nous devrions lui faire confiance, savoir que nous ne manquerons de rien. Après tout s'il a, avec 5 pains donné à manger pour 4000 personnes, avec un pain il peut bien faire pareil, mais en fait on était trop en colère contre Barthélémy qui n'avait pas prévu de prendre ce qu'il faut.

Oui, c'est vrai qu'on est bouché comme les pharisiens, seulement nous, on l'aime. Là où il ira, nous irons. Et même si on ne comprend pas, on ira - pour lui et avec lui - au bout du monde, pour que l'Amour de son Père, qui est notre Père, soit révélé.

La honte de Pierre. Mc 8, 27-33

Quand Pierre, dans l'évangile de Marc, différent des synoptiques, après avoir proclamé que Jésus est le Messie, se fait violemment rabrouer par Jésus qui le traite de Satan, je peux imaginer que le pauvre Pierre a dû se sentir tout petit, tout honteux. Et pourtant à mon avis il était plein d'amour, plein de bonne volonté. Croire que celui qu'il suivait puisse être rejeté par les anciens, les grands prêtres, être tué (et là la mort logique ne pouvait être que la lapidation) et qu'il ressuscite trois jours après, c'en était trop pour lui.

Mais si on remet cet épisode dans la logique de ce qui est rapporté avant (même si le mot logique n'est pas le bon, mais renvoie simplement à la chronologie voulue par Marc), on pourrait dire que Pierre est un peu comme cet aveugle auquel Jésus rend la vue en deux temps.

Pierre, en proclamant que Jésus est le Christ (même s'il ne sait pas très bien ce que concrètement cela peut signifier), a une première vision. Ses yeux sont ouverts sur une autre réalité: quand, dans les autres synoptiques, Jésus lui fait comprendre que si cette parole est sortie de lui, c'est parce que c'est le Père qui lui a révélé cela, cela montre bien que les yeux de Pierre sont ouverts. Mais si on revient à l'évangile de Marc, cette vision "globale" manque d'acuité. Pierre ne peut pas saisir pourquoi la fin doit être aussi noire. Et il faudra la Pentecôte pour que la vision soit donnée totalement.

Ce que je veux dire également, c'est que cette guérison d'un aveugle, guérison qui ressemble beaucoup à celle opérée en Décapole sur un sourd profond - qui guérit de deux infirmités (surdité et mutité) - et se passe dans la ville d'origine de Pierre, se fait en deux fois, comme si là aussi il y avait deux infirmités à guérir (vue, au sens large, et acuité visuelle), et peut prendre tout son sens si on la place dans l'histoire de Pierre.

Lui aussi est un aveugle, qui commence à voir, mais il lui reste encore du chemin à faire. Et c'est peut-être la transfiguration, qui suit dans cet évangile, qui va lui permettre de dépasser ce qu'il pensait savoir de Jésus, et de commencer à accepter la mort, même si - comme c'est dit - "ils ne comprenaient pas ce que voulait dire ressusciter des morts".

Car la question qui se pose c'est que, certes, Jésus peut faire des résurrections (fille de Jaïre, fils de la veuve de Naïm, Lazare), mais qui va avoir la parole ou le geste pour lui redonner la vie à lui, au bout de trois jours? Il est certain que la transfiguration, qui comme le baptême montre le lien qui unit le Père au Fils et le Fils au Père, peut changer le regard, mais je pense qu'il faudra la Pentecôte pour que l'acuité soit donnée dans sa plénitude.

Pour en revenir à la honte de Pierre quand Jésus le traite de Satan, j'ai laissé Pierre raconter.

Pierre raconte:

Il a donné à manger à quatre mille hommes, et on est parti en barque, parce qu'il ne voulait pas que la foule fasse de lui un "grand chef". Il est monté dans la barque, et ensuite, dès qu'on a été à terre, les pharisiens lui ont demandé de faire un signe venant du ciel, comme si ce qu'il venait d'accomplir et qui faisait de lui un nouveau Moïse ne leur suffisait pas. Il a haussé les épaules et il est parti. On a repris la barque, et là, avec les autres apôtres, on s'est rendu compte qu'on avait oublié de prendre assez de pains pour nous tous, et on ne savait pas trop qui était le responsable; et quand Jésus s'est mis à nous parler d'une histoire de pharisiens, d'hérodiens et de levain, eh bien on n'avait vraiment pas la tête à ça. Alors lui, il n'était pas trop content. Il nous a fait comprendre que tant qu'on était avec lui, et lui avec nous, il veillerait à ce qu'on ne manque de rien.

Puis on est passé par chez nous à Bethsaïde. Mais on ne s'est pas vraiment arrêté. Jésus voulait aller à Césarée de Philippe. On lui a amené un aveugle, et il s'est arrêté, parce que les personnes qui étaient avec lui le suppliaient de lui imposer les mains. Et Jésus, quand on le supplie comme ça, il ne sait pas résister. Il l'a pris par la main, il l'a conduit en dehors du village; bien sûr nous, nous étions là. Il a mis de la salive sur ses pauvres yeux, il lui a imposé les mains et il lui a demandé s'il apercevait quelque chose. C'était surprenant, parce que, quand il avait guéri un sourd qui proférait des sons indistincts, celui-ci avait retrouvé l'ouïe et la parole aussitôt.

Et là, l'homme a dit qu'il voyait un peu, mais qu'il ne savait pas trop ce que c'était. Alors il lui a imposé à nouveau les mains, et là, la guérison a été totale. Jésus lui a dit de rentrer chez lui, et ne pas se montrer au village. C'est toujours un peu bizarre, mais c'est comme ça.

Et on a continué la route. Là, il nous a demandé ce qu'on disait de lui.

Alors on a répété ce qu'on entendait, que l'esprit de Jean le Baptiste, ou celui d'Elie ou celui d'un des prophètes était en lui, et que c'est pour ça qu'il faisait des miracles. Il n'a pas répondu. Puis il nous a demandé ce que nous, on pensait. Alors là j'ai pris la parole, ou plutôt une parole a jailli de moi, une parole qui reflétait aussi ce que nous pensions tous, et j'ai dit qu'il était le Messie, le Christ. Il nous a alors dit de ne pas répéter cela en dehors de notre petit groupe; c'est étonnant quand même. Des fois, je ne le comprends pas du tout: il fait des miracles et ceux qui sont guéris ne doivent pas le dire; sauf que ça, ça ne marche jamais. Il a une renommée, et on dirait qu'il n'en veut pas.

Et puis voilà qu'il déclare que le Fils de l'homme doit souffrir beaucoup. Déjà quand il parle de lui en se nommant le "Fils de l'homme", je n'aime pas, parce que je ne sais pas trop ce que ça veut dire, sauf que ça fait penser au messie de la fin des temps annoncé par Daniel et que ça fait un peu peur. Et il continue en affirmant qu'il va être rejeté par le pouvoir religieux, qu'il va être mis à mort et revenir à la vie au bout de trois jours.

Alors là, je n'ai pas supporté qu'il dise des choses pareilles. Il est là pour nous sauver, pas pour être tué. Et je l'ai pris à part, et je lui ai dit que ça ne devait pas arriver, que je le pro-

tégerais, qu'il n'avait pas le droit de dire des choses pareilles. Et pendant que je parlais, j'ai vu son visage se fermer. Les autres étaient à quelques pas derrière nous. Il s'est tourné vers eux, il il m'a littéralement gueulé dessus. Il a crié aussi fort que lorsqu'il avait dit à la tempête de s'arrêter. Il m'a traité de Satan, il m'a dit que je ne comprenais rien. Et là, j'ai ressenti une honte terrible. Pourtant je savais qu'il était celui que j'attendais, celui que j'aimais, et voilà qu'il me disait de passer derrière lui, comme s'il ne voulait plus jamais me voir.

Je ne savais plus où me mettre, c'était affreux. Qu'est-ce que j'avais dit de mal... Je l'aime, cet homme qui a dit qu'il ferait de moi un pécheur d'hommes, même si je ne comprends pas *trop.*

Après il a eu une phrase pour tous les autres, mais je pense aussi pour moi: il a dit que ceux qui voulaient le suivre devaient apprendre à se renoncer à eux-mêmes (peut-être à ne pas parler trop vite, aussi: à tourner leur langue sept fois dans leur bouche, peut-être à réfléchir plus à ce que Dieu attend d'eux), à prendre leur croix, ça je n'ai pas compris sauf que la croix c'est reconnaître qu'on est super pêcheur, et ensuite de le suivre.

Et moi qui essaie de le suivre, tout ça, je ne sais pas faire..

Il a dit aussi que celui qui perdra sa vie à cause de lui et à cause de la bonne nouvelle qu'il proclame, sauvera sa vie. Alors, ça, ça m'a mis un peu de baume au cœur, parce que si son destin c'est de perdre sa vie, moi je donnerai ma vie pour lui, et je pense qu'il le sait.

Alors j'ai eu un peu moins de honte et j'ai relevé un peu la tête, et quand il m'a appelé avec Jean et Jacques pour aller sur la montagne du Tabor, j'ai compris que tout ça c'était derrière et qu'il m'aimait pareil.

La transfiguration. Mc 9, 2-13

Cet événement se trouve dans les trois évangiles dits synoptiques. Il est suivi de la guérison de l'enfant épileptique. Il est précédé par la première annonce du "destin" de Jésus et la réaction de Pierre. J'ai toujours pensé que ce qui se passe là est un tournant majeur dans les récits. Jésus, qui peu de temps après va prendre "avec détermination" la route qui conduit à Jérusalem, entre dans le temps qui va le mener à la mort, et ce tournant se fait avec la transfiguration, qui est figure de la résurrection et du corps "glorieux".

Il est un peu difficile, quand on connaît les autres textes qui rapportent cet événement, de ne pas penser à la torpeur qui s'abat sur les apôtres, à Jésus qui parle de son départ (Luc), etc. Mais là, c'est Marc.

Matthieu Mt	Marc 9, 2-13	Luc 9, 28-36
01 Six jours après, Jésus prend avec lui Pierre, Jacques et Jean son frère, et il les emmène à l'écart, sur une haute montagne.	02 Six jours après, Jésus prend avec lui Pierre, Jacques et Jean, et les emmène, eux seuls, à l'écart sur une haute montagne. Et il fut transfiguré devant eux.	28 Environ huit jours après avoir prononcé ces paroles, Jésus prit avec lui Pierre, Jean et Jacques, et il gravit la montagne pour prier.

02 Il fut transfiguré devant eux ; son visage devint brillant comme le soleil, et ses vêtements, blancs comme la lumière.	**03** Ses vêtements devinrent resplendissants, d'une blancheur telle que personne sur terre ne peut obtenir une blancheur pareille.	**29** Pendant qu'il priait, l'aspect de son visage devint autre, et son vêtement devint d'une blancheur éblouissante.
03 Voici que leur apparurent Moïse et Élie, qui s'entretenaient avec lui.	**04** Élie leur apparut avec Moïse, et tous deux s'entretenaient avec Jésus.	**30** Voici que deux hommes s'entretenaient avec lui : c'étaient Moïse et Élie, **31** apparus dans la gloire. Ils parlaient de son départ qui allait s'accomplir à Jérusalem. **32** Pierre et ses compagnons étaient accablés de sommeil ; mais, restant éveillés, ils virent la gloire de Jésus, et les deux hommes à ses côtés.
04 Pierre alors prit la parole et dit à Jésus : « Seigneur, il est bon que nous soyons ici ! Si tu le veux, je vais dresser ici trois tentes, une pour toi, une pour Moïse, et une pour Élie. »	**05** Pierre alors prend la parole et dit à Jésus : « Rabbi, il est bon que nous soyons ici ! Dressons donc trois tentes : une pour toi, une pour Moïse, et une pour Élie. » **06** De fait, Pierre ne savait que dire, tant leur frayeur était grande.	**33** Ces derniers s'éloignaient de lui, quand Pierre dit à Jésus : « Maître, il est bon que nous soyons ici ! Faisons trois

05 Il parlait encore, lorsqu'une nuée lumineuse les couvrit de son ombre, et voici que, de la nuée, une voix disait : « Celui-ci est mon Fils bien-aimé, en qui je trouve ma joie : écoutez-le ! » 06 Quand ils entendirent cela, les disciples tombèrent face contre terre et furent saisis d'une grande crainte. 07 Jésus s'approcha, les toucha et leur dit : « Relevez-vous et soyez sans crainte ! » 08 Levant les yeux, ils ne virent plus personne, sinon lui, Jésus, seul. 09 En descendant de la montagne, Jésus leur donna cet ordre : « Ne parlez de cette vision à personne, avant que le Fils de l'homme soit ressuscité d'entre les morts. »	07 Survint une nuée qui les couvrit de son ombre, et de la nuée une voix se fit entendre : « Celui-ci est mon Fils bien-aimé : écoutez-le ! » 08 Soudain, regardant tout autour, ils ne virent plus que Jésus seul avec eux. 09 Ils descendirent de la montagne, et Jésus leur ordonna de ne raconter à personne ce qu'ils avaient vu, avant que le Fils de l'homme soit ressuscité d'entre les morts. 10 Et ils restèrent fermement attachés à cette parole, tout en se	tentes : une pour toi, une pour Moïse, et une pour Élie. » Il ne savait pas ce qu'il disait. 34 Pierre n'avait pas fini de parler, qu'une nuée survint et les couvrit de son ombre ; ils furent saisis de frayeur lorsqu'ils y pénétrèrent. 35 Et, de la nuée, une voix se fit entendre : « Celui-ci est mon Fils, celui que j'ai choisi : écoutez-le ! » 36 Et pendant que la voix se faisait entendre, il n'y avait plus que Jésus, seul. Les disciples gardèrent le silence et, en ces jours-là, ils ne rapportèrent à personne rien de ce qu'ils avaient vu. 37 Le lendemain, quand ils descendirent

	demandant entre eux ce que voulait dire : « ressusciter d'entre les morts ».	de la montagne, une grande foule vint à la rencontre de Jésus.
10 Les disciples interrogèrent Jésus : « Pourquoi donc les scribes disent-ils que le prophète Élie doit venir d'abord ? »	**11** Ils l'interrogeaient : « Pourquoi les scribes disent-ils que le prophète Élie doit venir d'abord ? »	
11 Jésus leur répondit : « Élie va venir pour remettre toute chose à sa place.	**12** Jésus leur dit : « Certes, Élie vient d'abord pour remettre toute chose à sa place. Mais alors, pourquoi l'Écriture dit-elle, au sujet du Fils de l'homme, qu'il souffrira beaucoup et sera méprisé ?	
12 Mais, je vous le déclare : Élie est déjà venu ; au lieu de le reconnaître, ils lui ont fait tout ce qu'ils ont voulu. Et de même, le Fils de l'homme va souffrir par eux. »	**13** Eh bien ! je vous le déclare : Élie est déjà venu, et ils lui ont fait tout ce qu'ils ont voulu, comme l'Écriture le dit à son sujet. »	
13 Alors les disciples comprirent qu'il leur parlait de Jean le Baptiste.		

Je me suis dit ce matin que, peut-être Jean, un des fils de Zébédée, pourrait raconter ce qu'il a vécu ce jour-là, lui le disciple de la première heure, lui qui aimerait bien avoir la meilleure place dans le royaume.

Jean, le fils de Zébédée et le frère de Jacques, raconte:

Le Maître nous avait demandé qui il était pour nous. Alors, avant même que nous ayons pu ouvrir la bouche, Simon a dit qu'il était le Christ. Là c'était la bonne réponse. Mais ensuite, comme Jésus disait (et à nous non plus, ça ne plaisait pas du tout) qu'il allait être livré aux mains des scribes, des anciens et des grands prêtres, qu'il devait souffrir et être mis à mort, Pierre a réagi au quart de tour, et s'en est pris plein la gueule, parce qu'il disait à Jésus que ce n'était pas possible. Après, ça a jeté un sacré froid: il s'est quand même fait traiter de Satan... Alors on continué à marcher vers Césarée, sans trop rien dire. Mais on comprenait quand même la réaction de Simon.

Bref, ce n'était pas terrible. Les jours ont passé, et là Jésus est venu nous chercher, moi Jean, avec Jacques et Pierre. Je me suis souvenu de ce jour à Capharnaüm où il n'avait pris avec lui que nous trois, pour aller dans la maison d'une jeune fille qui venait de mourir; comment il l'avait prise par la main et lui avait rendu la vie. Il n'y avait eu que nous trois et c'était une telle joie pour nous.

Là, il nous a conduit à l'écart. Il aime bien cela le Maître, se mettre à l'écart. Souvent quand on lui demande une guérison, il prend la personne avec lui - enfin avec nous aussi, et il le sort de cet endroit où il y a de la foule, du bruit; et là, il peut parler, il peut regarder, il peut vraiment être celui qui est rempli d'amour pour son prochain. Alors quand il nous a demandé d'aller dans la montagne, au fond de moi, j'étais heureux; et comme Simon était là, c'était un peu comme s'il lui avait pardonné.

On a pris notre temps pour monter. Arrivés tout en haut, il y avait le bruit du vent dans les pins, il y avait des rochers plats. On s'est assis. Lui il s'est mis à prier. Et là...

Là, il s'est passé quelque chose d'extraordinaire. D'un coup, il est devenu différent, il est devenu tout Autre. Il y avait comme une lumière en lui, il était lumineux, il était lumière. Et avec lui, il y avait Elie avec son manteau en poils de chameaux, et Moïse.

Je sais que cela paraît impossible, et pourtant c'est bien ce que nos yeux ont vu. Et Simon, qui a toujours besoin de parler, a dit qu'il se proposait pour dresser trois tentes... Un peu fou Simon, mais il voulait sûrement que ce moment dure longtemps. Et la tente, cela fait penser à la tente de l'Alliance, cette Tente où Dieu parlait à Moïse, comme un ami parle à son ami.

Et puis il s'est alors passé quelque chose d'autre. La nuée, cette nuée dont Moïse parlait, elle était là, sur nous, comme si nous étions pris dans cette lumière qui nimbait notre maître. Et nous avons entendu une voix très douce, une voix qui ne faisait pas peur, une voix qui était presque suppliante, qui nous disait que notre Rabbi était son Fils, son fils bien aimé, et qu'il nous demandait de l'écouter. Ecouter, obéir, oui, ça nous le savons, mais là, c'était autre chose, c'était comme si Le Seigneur, le créateur de tout l'univers, nous faisait à nous, une demande: écouter celui qui est son envoyé, celui qui est son Fils. Et c'est bien plus que le Roi Messie. Le Fils...

J'avais fermé les yeux quand les gouttelettes de lumière s'étaient posées sur nous, et je ne sais pas combien de temps s'est écoulé. Mais quand j'ai rouvert les yeux, il n'y avait plus que Jésus, et Simon-Pierre et Jacques.

Jésus nous a demandé de ne parler de cela à personne, tant qu'il ne serait pas ressuscité d'entre les morts: comme un secret très fort entre lui et nous. N'empêche que ce "ressuscité d'entre les morts", on n'arrivait pas à le comprendre, mais on lui a fait confiance.

En redescendant, on lui a posé des questions; parce que Elie nous l'avions bien vu avec lui. Et il nous a expliqué que Jean c'était le nouvel Elie, qui avait préparé les chemins pour lui; et là, on était bien d'accord, parce que si nous n'avions pas reçu le baptême de Jean dans les eaux du Jourdain, nous, les pêcheurs nous ne l'aurions pas suivi, et nous n'aurions pas vu ce que nos yeux ont vu aujourd'hui. Et nous savons maintenant que quoi qu'il arrive, nous le suivrons.

La guérison de l'enfant épileptique racontée par sa mère. Mc 9, 14-29

Professionnellement j'ai travaillé avec des enfants épileptiques. Oui, une lumière trop vive peut provoquer une crise, et une crise c'est impressionnant. Au sortir de la crise, ces enfants ont besoin de dormir, de récupérer. Pendant la crise, ils ne sont pas là, ils n'entendent rien, ils ne disent rien. Aujourd'hui, c'est une maladie, mais du temps de Jésus, cela pouvait bien être l'œuvre d'un démon, d'un démon qui pouvait faire tomber ces enfants n'importe où, et donc les faire mourir si personne n'était là pour veiller sur eux.

Dans cet évangile, la mère de l'enfant est absente. Le dialogue se fait entre le père et Jésus. Il y a déjà eu une demande de guérison auprès des disciples, mais ce fut un échec, et on peut imaginer la déception, voire même la colère du père qui avait mis son espoir en eux. J'ai pensé que peut-être la mère était là, et qu'elle pouvait raconter..

Il est intéressant aussi de noter que l'enfant n'a pas de nom. L'infans, l'enfant, c'est celui qui ne parle pas, mais qui est parlé. Lui rendre la parole, c'est lui donner son identité et faire de lui un vivant.

La mère de l'enfant raconte:

Cet enfant, sa naissance a été plus que difficile. Il n'a pas crié tout de suite, il était tout bleu, il a mis du temps pour respirer, mais après il mangeait bien, et c'était un beau bébé.

Seulement quand il a grandi, il n'a pas parlé. Il nous reconnaissait bien son père et moi, il nous souriait, mais pas un mot ne sortait de sa bouche. On pensait qu'il était sourd. Parfois il semblait dans son monde. Et puis il a marché très tard, et il avait du mal pour marcher, il fallait l'aider.

En grandissant ça a été de pire en pire. Il tombait souvent, et surtout, quand il tombait, il se mettait en danger. Il lui arrivait de tomber dans le feu, ou dans l'eau. Et quand il tombait, il ne pouvait pas se relever parce qu'il se mettait à trembler de partout, à baver, parfois à faire pipi sur lui, à se mordre la langue. C'est comme s'il était possédé par une force intérieure qui voulait le faire mourir.

C'est alors devenu évident pour nous qu'il était possédé par un esprit impur. Qu'avions nous fait pour mériter cela? Et c'était, pour moi, pour nous, une souffrance énorme d'avoir un enfant possédé. Au fond de moi, j'étais sûre qu'il était normal mon fils! Même s'il ne parlait pas, il comprenait tout ce que je disais et son visage était si expressif. Il était sûrement la proie d'un démon. Comment le libérer? Et puis avoir un enfant comme ça, ça faisait que tout le monde nous regardait de travers, comme si c'était de notre faute.

Les disciples des pharisiens avaient essayé de le guérir, d'expulser le démon, mais ça n'avait rien changé. Et puis des dis-

ciples de ce Jésus sont arrivés chez nous, pour parler d'un royaume qui allait advenir. Ils ont guéri des personnes qui étaient malades, et du coup mon mari leur a demandé de guérir notre fils. Ils ont imposé les mains, ils ont crié pour chasser le démon, mais il ne s'est rien passé; et personne ne comprenait pourquoi ils n'y arrivaient pas. Les scribes s'en sont mêlés et ça s'est mis à discuter dans tous les sens. Et ça discutait aussi sur ce Jésus qui n'était pas là, mais qui manifestement n'était pas aimé par les pharisiens.

Et puis voilà que Jésus lui-même est arrivé. Il a vu que ça discutait ferme et il a demandé ce qui se passait. Alors mon mari s'est avancé, il a expliqué que notre fils, qui est possédé par un esprit muet, n'avait pas été guéri par ceux qui se réclament d'être ses disciples.

Là, j'ai eu l'impression qu'il n'était pas content, ce Jésus. Puis il a posé des questions pour savoir quand ça avait commencé, et mon mari a parlé, il a expliqué; et il a dit à cet homme que s'il pouvait faire quelque chose pour nous, qu'il le fasse.

Et là Jésus l'a regardé bien en face, il a repris la phrase qu'il venait de lui dire, et qui était: "Si tu peux, viens à notre secours", en lui disant "Tout est possible à celui qui croit".

Alors, je sais qu'il s'est passé quelque chose chez mon mari, qui était allé voir les disciples pour me faire plaisir, et qui au fond était très en colère contre eux parce que malgré leurs grandes phrases, ils étaient des incapables. Je dis cela, parce que j'ai vu que mon mari changeait d'attitude; il n'était plus en colère, il ne demandait plus la pitié, il demandait autre chose. Et il a dit: "Viens au secours de mon manque de foi".

Ce qui m'a étonnée, c'est qu'il demandait quelque chose pour lui, lui qui ne demande jamais rien. Il faisait confiance.

Jésus a alors menacé l'esprit impur en lui disant de sortir. Et mon garçon est tombé sur le sol, il s'est mis à convulser, et j'ai cru qu'il était mort; mais ça, c'est quelque chose qui arrive souvent quand il est pris par cet esprit. J'ai même cru que Jésus n'avait pas réussi, et que j'avais perdu mon fils.

Mais il l'a pris par la main, il l'a aidé à se mettre assis, et mon enfant s'est mis debout tout seul; et surtout, il est allé vers moi et il a dit Maman! Lui qui n'avait jamais dit un mot, il était comme tous les enfants, et ma joie était intense. J'aurais tellement voulu remercier, tout donner, mais Jésus n'est pas resté.

On m'a raconté que ses disciples, qui n'avaient pas réussi à chasser cet esprit, lui ont demandé pourquoi lui avait réussi, et pas eux. Et il leur aurait répondu que ces esprits impurs, qui rendent sourds à la présence de Dieu, qui empêchent de célébrer sa présence, ne peuvent se chasser que par la prière. Alors moi, tous les jours de ma vie, je vais prier pour que plus jamais d'autres parents n'aient à vivre un pareil calvaire, et que ces démons soient chassés! Qu'ils ne rentrent plus jamais en nous! Et je vais aussi louer le Dieu d'Israël, d'avoir envoyé cet homme.

"Je dois être complètement bouché, mais je ne comprends plus grand chose..." Mc 9, 35-50 et 10, 1-16.

Objectivement, mis à part les enseignements plus ou moins traditionnels, la fin de ce chapitre 9 et le début du chapitre 10 - qui est un chapitre important puisque Jésus est sur la route qui le mène à Jérusalem et donc à la passion - sont difficiles. D'autant qu'on a parfois l'impression que l'évangéliste fonctionne un peu avec des accroches: qui dit feu, dit saler par le feu, qui dit saler dit sel... Qui dit sel dit...

Bien sûr, on peut parler de scandale, d'endurcissement, de sel, de l'enfer, du fait que Jésus ne demande pas des amputations mais des renoncements; mais il y a des mises en garde précises. Lire tel quel n'est pas facile, et c'est un peu ce que j'ai voulu rendre au travers du questionnement d'un disciple, puisque Jésus s'adresse à eux.

Le disciple s'exprime:

Depuis qu'il a guéri cet enfant possédé, et qu'il parle ouvertement de ce qui va arriver, même si moi j'espère qu'il se trompe, qu'il ne sera pas condamné à mort mais que le peuple qu'il aime tant le défendra, je dois dire que je ne comprends pas grand chose.

Et d'abord, comment peut-on ressusciter des morts? Si c'est redevenir vivant pour mourir ensuite, comme le soldat dont le corps a touché les os du prophète Elisée, mais qui est mort

comme tout le monde ensuite, je ne vois pas. Alors c'est sûrement autre chose, mais...
Qu'il soit emporté au ciel sur un char de feu, ça, ça me plairait bien, mais ce n'est pas son genre. Mais s'il n'y avait que ça.. Il nous en dit des choses!
Il y a le prophète Ézéchiel qui a rapporté cette vision des ossements desséchés qui reprennent vie grâce au souffle de l'Esprit. Peut-être qu'il veut parler de cela: qu'un jour le souffle de Dieu le fera redevenir vivant pour l'éternité, lui qui parle de la vie éternelle; peut-être, mais que c'est difficile!

Et là, je reviens à tout ce que je ne comprends pas. Il parle d'amputations, si on ne veut pas brûler éternellement dans la géhenne de feu, là où iront lors du jugement dernier ceux qui se détournent du Très-Haut. Se couper une main, un pied ou s'éborgner, ça veut dire quoi? À quoi ça sert de se mutiler et en plus c'est interdit par la Tora.

Est ce qu'il veut dire que si je n'ai qu'une seule main, je ne pourrais plus attraper, cogner sur un autre? Peut-être. Mais je crois que je n'ai pas besoin me mutiler pour ne pas faire du mal. Depuis que je suis avec lui, petit à petit je regarde les autres comme lui les regarde et j'apprends à les aimer et à les respecter .Mais c'est vrai que la colère ça fait faire des choses pas belles. Et c'est vrai aussi que des phrases comme ça, on les retient.

Si je n'ai qu'une seule jambe, je ne peux plus tenir debout; et si je ne tiens plus debout, je tombe et on doit me ramasser, m'aider. Peut-être qu'il veut dire que j'ai besoin que mes deux jambes soient là pour que je puisse tenir debout, marcher, me déplacer, mais pas pour faire du mal à un autre, comme lui donner des coups, le faire tomber. Peut-être qu'il veut que je reste debout, mais que je marche derrière lui, et pour ça, j'ai bien besoin de mes deux jambes.

Et si je n'ai qu'un œil, si je suis borgne, là encore à quoi ça sert? Qu'est ce qu'il veut dire?
Peut-être que, si je regarde avec envie ou convoitise ce que possède l'autre, et que - comme le roi Achaz qui voulait la vigne de Nabot - je cherche comment m'en emparer, et je fomente des idées de piège, de mort, c'est mal. Et que ces pensées, je dois les extirper de moi si je veux entrer dans la vie éternelle. C'est un peu comme s'il me disait que j'ai un oeil qui regarde vers Dieu et un autre qui regarde vers Satan, et que je dois me séparer de cet oeil qui veut me faire faire de mauvaises choses, qui me donne de mauvaises idées.
Mais je peux comprendre que ce qu'il veut dire, c'est que le péché est là, et que j'ai quelque chose à faire, moi, si je veux avoir la vie éternelle! N'empêche que c'est bien compliqué..

Après, il parle "d'un feu qui sale". Ce n'est plus la géhenne où ça brûle sans arrêt, c'est un autre feu, mais ça veut dire quoi?
Du coup je pense aux feux allumés par les pécheurs sur le bord du lac, aux poissons grillés, ou fumés qui parce qu'ils sont cuits, donnent tous leurs parfums, tous leurs sucs et qui se conservent... Et là, je comprends un tout petit peu.
Il y a un autre feu, un feu qui purifie, un feu qui transforme.
Ce feu, j'espère qu'il nous le donnera un jour. Je pense à un feu qui pourrait exalter ce qu'il y a de bon en moi, ce qu'il appelle le sel. Mais quand même c'est rudement compliqué.

Et puis, il nous dit aussi de faire attention à ce qu'on dit, et à ce qu'on fait, pour ne pas être une cause de chute pour tous ceux qui sont dans les villages: qui viennent d'abord pour être guéris, et puis qui découvrent que la guérison c'est bien, mais que vivre autrement c'est mieux; mais qui ne savent pas trop comment s'y prendre.

Ceux-là, il les appelle les petits et il les aime beaucoup, beaucoup. Et nous devons prendre soin d'eux. Mais pour le moment, c'est lui qui le fait et il le fait très bien.

C'est comme avec les enfants. Les enfants, c'est souvent sale, ça sent mauvais, ça ne comprend rien. Mais voilà que lui, il les touche, il les embrasse, il les bénit. Et il dit que si on accueille un enfant, je pense qu'il veut dire qu'on ne le chasse pas, c'est lui qu'on accueille.
Mais il veut dire quoi le Maître?
Il est un adulte lui, il est propre, il sait parler, il sait nous aider à discerner; et il voudrait qu'on redevienne comme ça?
Peut-être qu'il veut parler de la confiance, et ça, c'est vrai que les enfants ils en ont de la confiance. Bon, alors ça je veux bien, n'empêche que c'est bien difficile.

Et pour compliquer encore les choses il y a eu ces éternels pharisiens, qui veulent le prendre en défaut et qui l'entrainent dans des discussions qui n'en finissent pas. Sauf que lui, il sait leur clouer le bec. Là, il s'agissait de savoir si on a le droit ou non de renvoyer sa femme, et je me sens concerné. Il leur a demandé ce que disait Moïse. Ils lui ont répondu que Moïse l'avait permis, à condition d'établir un acte de répudiation. Sauf que l'adultère est puni de mort.. Et que bien souvent ceux qui divorcent c'est pour changer de femme, pour en avoir une plus jeune, une plus belle.

D'après ce qui se dit, avec un peu d'argent on peut avoir cet acte de répudiation, et la femme se retrouve mise au ban de la société.
Et là, Jésus leur rétorque qu'en faisant cela ils ne respectent pas la loi donnée par le Tout Puissant; et je crois qu'il veut leur faire comprendre que tout ce qui vient en plus des Dix paroles données sur la montagne, et qui sont là pour faire grandir l'amour, ça ne sert pas à grand chose. A la limite, il y a les lois (pas la Loi) et l'Amour; et lui il est venu pour nous faire comprendre ça, mais qu'est ce que c'est difficile…

Je me suis même demandé si ce n'étaient pas eux, les purs, qui sans s'en rendre compte, commettaient cet adultère que les prophètes reprochaient à notre peuple. Certes ils ne vont pas vers des dieux étrangers, mais ils font de la loi une espèce d'idole, et ils ne voient plus que notre Maître est là pour les aider à renaître de l'Esprit. Et ça, ils ne le veulent pas, et je sens bien qu'ils veulent le lapider et ça, ça me tue.

Aujourd'hui, alors que nous avons quitté la Galilée pour aller vers la ville sainte, je sais que j'ai encore du chemin à faire pour qu'en moi s'opère une purification. Il y a du bon en moi, mais j'ai besoin de son amour à Lui, pour que mon cœur et mes oreilles s'ouvrent, et que mon vrai cœur comprenne ce qu'il veut me faire comprendre. Finalement je suis un vrai juif.. J'ai la nuque bien raide….

"Alors Jésus regarda autour de lui" Mc 10, 13-31

C'est à partir de ce verset du chapitre 10 : "Alors Jésus regarda autour de lui" que s'est faite ma réflexion ce matin. J'ai eu comme l'impression que Jésus pris par ce qui se passait ou s'était passé avec cet homme qui vient le solliciter pour "avoir en héritage la vie éternelle" est tellement pris par ce qui se passe, que lorsque l'homme s'en va, Jésus "revient" sur terre, voit ses disciples, et finalement il les enseigne à partir de ce qui vient de se passer.

Sauf que cela les déconcerte: ils ne comprennent rien, et ne sont pas trop rassurés.

J'ai eu alors envie de raconter ce que Jésus a peut-être ressenti, mais en reprenant une grande partie de ce chapitre 10 de Marc, c'est à dire les versets 13 à 31.

Jésus raconte:

On était sur la route qui doit me conduire sur le chemin que mon Père a décidé pour moi. J'ai essayé d'en parler un peu à mes disciples, mais quand je parle de souffrance, de mort, puis de revenir à la vie, ils ne comprennent pas; ils pensent que je suis un peu fou. Ils me font penser à ma famille; qui croit que je suis fou, et qui aimerait bien m'enfermer comme si j'étais un possédé.

Puis nous avons rencontré des parents qui voulaient que j'impose les mains à leurs enfants. Je ne sais pas trop ce qu'ils attendent; peut-être la "baraka" pour leurs enfants... Je sais bien qu'ils veulent du bon pour leurs enfants, et qu'une bénédiction c'est un peu comme une assurance contre les mauvais coups de la vie; moi, j'aime bien. Mais Pierre et les autres ne supportent pas les enfants; alors ils ont fait barrage, et ils ont renvoyé un peu brutalement les petits et leurs parents. J'ai réagi, mais je sais qu'ils n'ont pas compris que je me sois fâché; souvent ils croient bien faire, et ils se trompent.

Car moi, je veux - et c'est important pour ceux qui suivront ma voie - qu'ils comprennent que ce que j'attends d'eux, c'est qu'ils soient joyeux comme ces petits enfants, confiants comme ces enfants; et pas fiers non plus. Peut-être qu'ils comprendront cela un jour, parce que moi, je suis comme ça, même si je suis leur Rabbi.

On était repartis, et voilà qu'un homme arrive et tombe à mes genoux. Je pensais qu'il voulait se faire guérir d'une maladie. Mais non c'était autre chose, sauf que moi, je voulais vraiment qu'on prenne la route. Il ne tombait pas bien du tout.

Et voilà qu'il me dit "Bon Maitre, que dois-je faire pour avoir la vie éternelle en héritage". Là, je dois dire qu'il m'énervait un peu, et que je l'ai envoyé bouler, mais gentiment, à ma manière. "Bon Maître"... Bien sûr que je suis bon! Mais pas comme les hommes le souhaitent. Et puis "avoir la vie éternelle en héritage".. Quand mon Père parle d'héritage, il s'agit de la terre promise, il ne s'agit pas de la vie éternelle, comme si c'était un dû. La vie éternelle, c'est, comme je leur dirai un jour, "qu'ils te connaissent Toi, et qu'ils reconnaissent en moi ton envoyé". S'ils reconnaissent cela, alors l'Esprit leur sera donné. Et cette présence de moi en eux, de eux en moi, c'est cela la vie éternelle.

Je lui ai rappelé les commandements de Moïse, ceux qui concernent la relation avec les autres, et il m'a dit que tout cela, il l'avait fait depuis sa jeunesse. Peut-être que c'est ce mot de "jeunesse" qui m'a ému: il ne m'énervait plus cet homme; il était là, il me regardait, et moi je le regardais et je le sentais tellement sincère.

Et je me suis mis à l'aimer... J'ai compris alors qu'il ne voulait plus "faire pour faire", mais être... Mais pour cela il lui *faudrait* se débarrasser de beaucoup de choses! Je lui ai dit qu'il devait vendre tout ce qu'il avait, puis donner le résultat de cette vente aux pauvres (je n'ai pas dit qu'il devait me donner cet argent à moi et à mes amis, non, je voulais qu'il soit libre), et que cela lui donnerait un trésor au ciel. Il doit se dépouiller, comme moi je me suis dépouillé, et c'est ainsi qu'il sera riche. Puis j'ai ajouté qu'ensuite il vienne à ma suite.

Et là, il est arrivé quelque chose d'imprévu. Il a baissé la tête, il est devenu tout triste et il est parti sans un mot. J'ai compris que j'avais touché le point sensible, ses richesses. Et je me suis senti vide, seul, abandonné. Un peu aussi comme si le temps s'était arrêté. Mais j'ai vu alors mes disciples qui me regardaient et qui ne comprenaient pas.

Et je leur ai dit que pour celui qui possède des richesses - même si cela peut être un signe qu'il fait la volonté de mon père, même s'il donne la dime et une partie de tout ce qu'il *reçoit, ce n'est pas si simple. Il faut qu'ils comprennent qu'entrer dans le royaume - parce que le royaume ça ne s'achète pas -, c'est aussi difficile que pour un chameau de passer par la porte de l'aiguille, s'il porte sur lui tout son harnachement. En voyant leur tête j'ai compris qu'une fois de plus ils me prenaient pour un fou. Et alors ils m'ont demandé qui pouvait être sauvé. Je leur ai répondu - mais le comprennent-ils - que les hommes ne peuvent pas se sauver en "faisant", mais que mon Père, lui, lui qui m'a envoyé, peut les sauver. Ce qui est impossible aux hommes, est possible à Dieu, le Tout Puissant.*

Là-dessus, Pierre a pris la parole. Je m'y attendais un peu. Il m'a demandé quelle récompense ils auraient, lui et ceux qui avaient tout quitté pour marcher à ma suite. Je lui ai répondu qu'ils auraient tout au centuple, mais pas ici bas... Ici-bas ce serait, comme pour moi, les persécutions et la mort, mais là-bas, dans le royaume, ce sera cette vie à laquelle ils aspirent sans trop savoir ce qu'elle est. Et je leur ai fait remarquer que ceux qui semblent les nantis sur cette terre, ne seront pas ceux qui auront la meilleure place plus tard; et que au contraire les petits, les culs-terreux, ceux-là seront les premiers. Je ne sais pas si ça les a rassurés. Je ne crois pas, parce que quand je me suis remis en route, ils étaient en groupe derrière moi... Mais il y a quelque chose qui m'a fait un immense plaisir. L'homme de tout à l'heure, celui qui était parti tout triste, eh bien il était avec les miens, il avait dû prendre sa décision et il avait fait son choix.

Je sais que pour moi les jours sont comptés, mais je sais aussi que mes paroles ouvrent le chemin et c'est pour cela aussi que je suis venu.

LUC

Les tentations après le Baptême. Lc 4, 1-13

C'est l'évangile proposé pour le premier dimanche de Carême.
Il s'agit bien d'une sorte de duel entre le diable et Jésus, duel dont Jésus sort vainqueur. Alors, j'ai eu envie de laisser parler le Satan, celui qui était à la cour du Très-Haut et qui avait mis une sorte de contrat sur Job.

Et cela s'appelle "**La complainte du diable qui a épuisé toutes les formes de tentations**".

Satan raconte:

"Pas moyen, de pas moyen! Et pourtant j'ai tout essayé. Il est plus fort que moi, il m'a vaincu et je lui en veux. Mais je ne m'avoue pas battu. Je vais vous raconter ce qui s'est passé entre moi et lui, alors qu'il était dans le désert, et qu'il connaissait la faim.

Avec Eve, le coup du fruit appétissant, ça avait bien marché. Alors avec lui, comme ça faisait un bon bout de temps qu'il se prenait pour Moïse sur la montagne et qu'il n'avait rien mangé, je pensais que ça irait tout seul. Et puis il commen-

çait à avoir des hallucinations, parce que la chaleur ça fait ça.

Je me suis présenté avec d'abord une petite hallucination visuelle, en lui montrant des pierres qui se transformaient en pain, vous savez ces galettes qui cuisent toutes seules avec la chaleur, ces galettes que l'on met sur des pierres. Et ça sentait bon ces galettes. Et elles étaient belles à regarder. Et puis tout est redevenu comme avant, le sable, des pierres, le soleil, quelques buissons. Oh j'ai été très poli, je lui ai dit que s'il était le fils de Dieu, (ce qu'il est à mon grand désespoir, parce que moi, l'ange de lumière, c'est ce que j'aurais voulu être), il n'avait qu'à dire à ces pierres de se transformer en pain. Vous savez, ça c'est le rêve de tout homme, manger dès que la faim apparaît. C'est un reste de leur petite enfance où le sein de leur mère était là, à leur demande. Lui, il m'a répondu qu'il se nourrissait de toutes les paroles qui sortaient de la bouche de Dieu. Je n'étais pas content qu'il se serve de la Tora pour me répondre, mais il m'avait cloué le bec et il s'est remis à prier.

J'ai laissé passé un peu de temps; Il fallait que je réfléchisse, que je trouve un truc auquel aucun être humain ne peut résister. Et j'ai pensé à la puissance, lui proposer de devenir le maître des nations. D'ailleurs il sait qu'il doit être la lumière des nations; ce que je propose c'est un peu différent, j'espère qu'il ne fera pas la différence, parce que le jeûne ça affaiblit quand même. Mais je n'aurais pas dû faire un marchandage, dire que je lui donnerais cela s'il se prosternait devant moi. Parce que là, il s'est rebiffé, il a réagi et m'a encore cité les écritures, en me disant que c'est devant Dieu seul qu'il faut se prosterner. Son peuple s'est tellement prosterné devant mes Baals que je pensais qu'il ne ferait pas trop la différence. Donc là encore, avec la tentation de la puissance, j'ai échoué. Il reste celle de l'immortalité; alors je vais la lui proposer.

Je lui ai envoyé alors une nouvelle hallucination. Il était à Jérusalem, au pinacle du temple. Il avait le Cédron en dessous, et cette vue tellement belle sur la ville. Je lui ai dit qu'il pouvait se jeter en bas, dans le vide, et qu'il ne lui arriverait rien, parce qu'il est dit que "son Père a donné ordre aux anges de le garder, et qu'ils feront ce qu'il faut pour qu'à la pierre son pied ne heurte". C'est dans un psaume. Là je le reconnaissais bien comme le Fils, mais j'espérais vraiment qu'il allait faire ce saut dans le vide pour expérimenter la présence des anges. Et bien non, il s'est encore réfugié derrière l'écriture en me disant: " Tu ne mettras pas ton Dieu à l'épreuve".

Et il s'est retrouvé dans le désert, dans la chaleur. Et puis une brise s'est levée. Cette brise je la connais bien, c'est celle qui manifeste la présence du Tout Puissant. Alors j'ai dû céder la place, mais je ne me tiens pas pour battu. Job a su ne pas maudire parce que je l'avais privé de sa famille, et même de sa santé, mais celui-là, quand il sera mis à mort, on verra bien! Et en attendant, je vais m'opposer à lui par tous les moyens. La terre est mon royaume; je ne veux pas qu'il me l'enlève"

Dans la synagogue de Nazareth. Lc 4, 21-30.
Marie raconte comment son fils a échappé à la mort.

La liturgie propose, pour ce dimanche, la fin du péricope racontant la venue de Jésus à Nazareth. J'ai souvent eu l'impression qu'il y avait deux épisodes raboutés l'un à l'autre, parce qu'il est difficile de comprendre ce revirement et ce désir de mort; mais j'ai voulu respecter le texte proposé par Luc.

Donc, au début, tout est dans le meilleur des mondes possibles. L'enfant du pays est accueilli dignement; on le respecte, on comprend qu'il a un appel précis. Et puis, brusquement, comme si un ou des mauvais esprits étaient tombés sur l'assemblée, ça se gâte. On peut imaginer qu'on lui demande pour qui il se prend, qu'il n'est que le fils du charpentier; et puis, pourquoi est-ce qu'il n'arrive que maintenant, comme si Nazareth n'était pas digne de lui. Si je dis cela, c'est que, pour avoir un comportement aussi violent, les hommes de cette communauté ont dû se sentir jaloux, mais jaloux de qui? De ne pas avoir été choisis comme Capharnaüm, par exemple.

Je me suis dit aussi que dans cette assemblée, Marie et les frères de Jésus pouvaient être là. Alors j'ai laissé la parole à Marie.

Marie raconte:

Mais quelle mouche les a piqués, les uns et les autres. Aussi bien les présents à la synagogue, le jour du Sabbat, que mon fils. Tout se passait très bien : il avait choisi un verset du livre du prophète Esaïe, il avait dit que c'était aujourd'hui que cela se réalisait, et donc qu'il était rempli d'Esprit Saint, et qu'il allait apporter le salut. Tous semblaient dans la joie. Et tout à coup, comme si un esprit impur était tombé sur eux, ils ont refusé de l'écouter, ils se sont fermés. Ils ne voyaient en lui que le fils de Joseph, donc quelqu'un de quelconque, qui est frappé de la folie des grandeurs. Ils lui ont même reproché de ne pas avoir fait de guérisons, de ne pas avoir fait de miracles, comme si Capharnaüm valait mieux qu'eux. J'ai eu l'impression qu'ils lui en voulaient de ne pas avoir commencé sa nouvelle vie, là, à Nazareth.
Seulement lui, il ne s'est pas laissé faire; il a cité la Torah, pour leur rappeler que les prophètes du temps de jadis, leurs miracles, ils ne les ont pas accomplis en Israël: que le prophète Elie, ce grand prophète qui est monté vivant auprès du Seigneur, c'est en terre étrangère qu'il a permis à une veuve et à son fils d'avoir de quoi manger tous les jours en période de famine. Que le prophète Elisée, c'est un étranger, un Syrien, un homme doublement impur finalement, qu'il a guéri de sa lèpre.

Alors, ça les a rendus encore plus furieux. J'ai vu le moment où ils allaient le tuer, en le bousculant et en lui marchant sur le corps. Mais là, il a été le plus fort. Je ne sais pas comment il a réalisé cela, mais j'ai eu l'impression qu'il y avait une sorte de couloir qui s'ouvrait dans cette masse de gens en colè-

re, un peu comme le couloir dans la mer rouge du temps de Moïse, et qu'il était passé au milieu d'eux; et même s'il a quitté la ville de son enfance, j'étais rassurée.. Il poursuivra sa mission, et je suis fière de lui.

L'appel de disciples (la pêche miraculeuse) Lc 5, 1-11

Dans l'évangile de Luc, Jésus est loin d'être un inconnu pour Pierre, puisqu'il a séjourné dans la maison de ce dernier et a guéri sa belle-mère (Lc 4,38); mais curieusement le récit de ce qu'on appelle "la pêche miraculeuse" semble ne pas avoir de relation avec ce vécu plus intimiste. Peut-être ne faut-il pas chercher de réelle chronologie dans ces récits. Mais on sait que Luc, bien souvent, quand il veut mettre en évidence un personnage, le mentionne d'abord un peu comme en passant.

Là il se joue quelque chose d'autre: Jésus désormais ne sera plus seul. Cette pêche figure ce qui se passera après la Pentecôte (où trois mille personnes reçoivent le baptême); elle annonce le début de l'Eglise.

Mais je n'ai pensé à cela qu'après avoir laissé Pierre, ou plutôt Simon, raconter les événements.

Pierre raconte:

Je n'en reviens pas, je n'en suis pas encore revenu. Avec André, on avait passé la nuit sur le lac; et pas un seul poisson dans les filets. Enfin, si peu que ce n'est pas la peine d'en parler. On était découragés; et on a comme d'habitude lavé et plié les filets pour la prochaine pêche. C'est là qu'on a vu Jésus, cet homme qui parle de Dieu comme personne, en tous cas pas comme les scribes.

J'ai eu l'impression qu'il cherchait quelque chose. Nos regards se sont croisés. Il est monté dans ma barque sans rien demander, et m'a dit de la pousser dans l'eau. C'est ce que j'ai fait. Il s'est alors assis, moi je veillais à ce que la barque ne bouge pas, et il a parlé. Je ne sais pas trop de quoi il parlait, j'étais fasciné par cet homme, car il se dégageait de lui une sorte de force.

Puis il m'a dit de jeter les filets. Là j'ai pensé qu'il était un peu fou. On ne pêche pas dans la journée, mais ça, lui il ne devait pas le savoir. En fait j'avais eu l'impression qu'il voulait me dire merci de lui avoir prêté ma barque. Alors avec Jean, on a sauté dans l'eau, on est allé reprendre les filets, et on est parti avec lui là où on sait qu'il peut y avoir du poisson. Et du poisson, on en a pris. J'avais l'impression que les poissons se jetaient dans les mailles, je voyais leur masse argentée qui allait vers mes filets. Je ne comprenais pas. Et quand on a voulu remonter les filets, ils étaient tellement pleins, tellement lourds qu'on a fait de grands signes à Jacques et Jean, qui sont venus avec leur barque et qui nous ont aidés.

Les deux barques étaient tellement chargées qu'elles enfonçaient.

Une sorte de panique m'est tombée dessus. J'avais juste prêté ma barque, je n'avais rien demandé, et voilà que la bar-

que était pleine, trop pleine. J'ai eu peur du pouvoir de cet homme, et en même temps quelque chose se passait en moi, sans que je puisse dire quoi. J'ai dit une phrase bizarre, qui ne me ressemble pas, je lui ai dit de partir, de s'éloigner de moi, parce que je ne méritais pas un tel cadeau, parce que je me sentais tellement petit, tellement insignifiant.

Mais lui, il m'a dit de ne pas craindre, et qu'il ferait de moi un pêcheur d'hommes. Là je ne sais pas ce qu'il veut dire, mais je sais que je vais le suivre.

Quand nous sommes arrivés à terre, tous les quatre nous l'avons suivi. Et lui qui était seul, il ne l'était plus: il nous avait. Il nous avait sortis de notre lac, de nos habitudes, et nous allions être avec lui.

L'envoi en mission des disciples Lc 10, 1-10

C'est un texte qui revient fréquemment dans la liturgie. Il était choisi pour la fête de St Cyrille et St Méthode.

Je reste volontairement sur la péricope de Luc, car dans l'évangile de Matthieu les envoyés ont des pouvoirs analogues à ceux des apôtres, et des consignes précises pour éviter certaines villes.

Chez Luc, c'est assez différent. Jésus qui (Lc 9) a déjà envoyé en mission ceux de la première heure, ses apôtres, se rend certainement compte que ce n'est pas suffisant, et décide d'en choisir 72, ce qui n'est pas rien. Bien sûr, cela renvoie au livre de l'Exode, Moïse choisissant 70 ou 72 "anciens" pour être des juges; ou encore au nombre de nations connues à l'époque de Jésus. Cela c'est pour le symbolisme.

Mais si on prend un peu le texte au pied de la lettre, si on écoute ce que l'évangéliste met dans la bouche de Jésus, on se rend compte qu'il y a des verbes, beaucoup de verbes.

Il y a un premier groupe de verbes (d'action) qui permettent de voir ce qui se passe: Jésus **désigne** un certain nombre d'hommes, les **envoie** deux par deux, pour le précéder (même si cela n'est pas dit explicitement). ("désigna": "passé simple" dans la traduction AELF).

Puis, première consigne qui est étonnante: **priez** le maitre de la moisson d'envoyer des ouvriers pour sa moisson. Un peu comme si Jésus leur demandait de susciter de nouveaux disciples, et que c'est peut-être cela leur mission première. Et finalement les ordres qu'il donne par la suite obligeront ceux qui croisent ces missionnaires à se poser des questions. Pourquoi agissent-ils comme cela? Qui les a envoyés? Quel est celui qui les motive ainsi. Bref l'étonnement, qui ouvre et qui peut susciter des vocations comme on dirait aujourd'hui. Là c'est à l'impératif.

Et peut-être que le comportement des envoyés va provoquer aussi le rejet, et alors la phrase qui est inquiétante - "je vous **envoie** comme des brebis au milieu des loups" - montre que c'est ainsi que celui qui veut annoncer doit se présenter. Or il y a dans les psaumes une phrase qui dit: heureux les doux, ils auront la terre en héritage. La douceur est peut-être ce qui peut interroger, et ouvrir le cœur des autres. Là, je peux penser qu'il s'agit de l'aujourd'hui, que cela reste vrai.

Puis tout un tas de consignes: pas de bourses, pas de sac, pas de sandales, pas d'arrêt (ne saluez personne en chemin), et des règles de conduite: commencer par déposer la Paix reçue dans la maison qui accueille, rester là où on est accueilli, même si c'est frugal; manger avec reconnaissance et savoir que c'est normal. A la limite c'est s'intégrer à la vie de cette maison, sans faire de complexes.

Et finalement la mission: guérir et parler. Mais c'est la conduite de ces hommes qui va faire comprendre que le règne de Dieu s'est approché. Et c'est Jésus qui ensuite fera comprendre que le règne de Dieu est là.

Seulement, quand on est envoyé en mission, il y a une partie de soi qui est un peu survoltée, et une autre qui panique un peu quand même, parce que même si on est deux, on est quand même très seuls et loin des autres; loin du groupe qui lui est porteur, loin du Maître. On peut se sentir un peu perdu, avoir un peu peur. Et c'est ce que j'ai voulu exprimer dans le texte qui suit.

Un des 72 choisis par Jésus raconte:

Quand il nous a choisis pour être comme ses témoins, pour être un peu comme les Douze qu'il avait envoyés pour être comme ses doubles, nous étions dans la joie. Seulement cet-

te joie, il l'a un peu rognée en mettant, comme on dit, les points sur i.

D'abord il nous a dit qu'il nous envoyait comme des brebis au milieu des loups. Alors quand je vois comment les pharisiens sont là à nous surveiller, à nous espionner, à vouloir nous lapider, quand je pense à toutes ces villes et ces villages qui sont habités par des non-juifs, eh bien oui, j'ai peur. Comment allons nous être accueillis? Bref j'ai un peu peur.

Ensuite, comme pour ceux qu'il a déjà envoyés, il nous a dit de ne rien prendre avec nous. Pas de sandales de rechange, pas de provisions, pas d'argent. Moi qui aime bien assurer ma sécurité, ça aussi ça me fait peur. Dépendre des autres, peut-être finalement mendier, que je n'aime pas ça!

Et voilà, il nous a envoyés. Il nous a dit "Allez", et ce "Allez", c'est comme s'il nous donnait la force de partir, comme s'il nous poussait en posant sa main sur nos épaules. Une petite poussée et nous voilà sur le chemin pour l'annoncer. Mais même si nous sommes deux à marcher, j'ai un peu peur.

Il a aussi ajouté qu'on ne devait pas perdre de temps à saluer des amis si on en rencontrait, et finalement chercher une maison qui pourrait nous accueillir.

Là, il a dit quelque chose qui pour moi est important, car c'est donner ce que nous avons reçu de Lui. Dire "Shalom" à la maison qui veut bien nous accueillir, c'est donner la Paix qui est en nous, la Paix qui vient du Très-Haut, mais aussi la Paix qu'il a mise en moi quand j'ai décidé d'essayer de le suivre. Maintenant, que la Paix revienne sur moi s'il n'y a per-

sonne pour la recevoir, je n'y crois pas trop: il y a toujours quelqu'un sur lequel la paix peut se reposer, et demeurer, un peu comme un oiseau qui a trouvé un perchoir, un abri, un refuge et qui s'y trouve bien. Peu importe si mes yeux ne sont pas capables de voir, mais la Paix donnée, elle est donnée et elle trouve bien un lieu de repos.

Jésus nous a dit d'accepter avec simplicité ce qu'on nous offrirait à manger. Cela m'effraie un peu, parce que nous serons peut-être accueillis par des personnes qui ne respectent pas les prescriptions de Moïse, mais Jésus nous a déjà fait comprendre que les prescriptions c'est une chose, l'amour c'est autre chose, alors on verra bien; et c'est vrai que si les personnes qui nous offrent l'hospitalité ne mangent pas comme nous, c'est déjà bien beau qu'elles partagent avec nous.

Il nous a demandé de guérir les malades, et de dire que la règne de Dieu s'était approché. C'est sûr qu'une guérison cela permet de comprendre que du bon est en train d'arriver, et que ce bon c'est Dieu seul qui le donne. Nous ne sommes que des instruments.

Mais je crois que ce que nous avons à dire, et c'est quand même ce qui nous fait jubiler de joie, c'est que si nous sommes sur les routes, c'est parce que nous avons rencontré celui sur lequel repose l'Esprit de Dieu, qui fait des choses magnifiques, qui dit des choses qui nous transportent, même si on ne comprend pas toujours, et que c'est lui qui va venir dans cette ville et qui va l'ouvrir à la présence du Tout Puissant. Oui c'est cela que je veux dire, et même si la peur est un peu là, je sais que nous y arriverons. Et si on se fait jeter de-

hors, on ira ailleurs, et on trouvera bien un lieu où nous pourrons révéler le nom de notre maître: Dieu Sauve, Dieu sauve aujourd'hui.

La transfiguration racontée par Pierre. Luc 9, 28-36

Dans l'évangile de Luc il y a bien une première annonce de la passion, mais il n'y a pas la réaction de Pierre rapportée ailleurs, avec la réponse de Jésus "passe derrière moi Satan". Par contre, la péricope se termine par "*Il y en a parmi ceux qui sont ici présents qui ne connaîtront pas la mort avant d'avoir vu le règne de Dieu*".
On peut se demander si la transfiguration n'est pas comme une réponse à ce verset.

Dans ce récit, très proche des autres récits, Luc mentionne une torpeur (un demi-sommeil) qui s'empare des disciples, comme si cet état de semi-vigilance pouvait permettre de percevoir autrement. On trouve un peu la même chose pour Abraham qui, après avoir partagé des animaux en deux, voit une lumière passer entre les animaux, une nuée épaisse, et un Dieu qui parle, qui fait alliance. Comme si la présence, la manifestation du Très-Haut, ne pouvait se faire que dans ce sommeil-là. Et j'ai voulu réfléchir comment ce sommeil, qui n'est pas un sommeil, mais qui a permis de "toucher du doigt" la Présence, a été comprise et vécue par les trois disciples.

Pierre raconte la transfiguration:

Le Maître avait eu une phrase étonnante, il avait dit que "certains ne connaîtraient pas la mort avant d'avoir vu le règne de Dieu". Une fois de plus on n'avait pas compris, mais poser des questions, souvent on n'ose pas. Et puis quelques jours ont passé et il a voulu aller prier sur une montagne. Souvent il prie tôt le matin, même très tôt, avant le lever du soleil. Et là, il nous a réveillés en pleine nuit Jacques, Jean et moi, et on est partis. On a marché pas mal de temps et ça grimpait dur.

Puis il s'est un peu écarté de nous, et il s'est mis à prier. Moi, j'aimerais bien prier comme lui, mais je n'y arrive pas; je pense à plein de choses, à ce qu'on va faire, à ce qui va arriver s'il doit être mis à mort. Et puis, je dois dire que je n'avais qu'une envie: dormir.

Je sentais mon corps, je sentais mes yeux, et je me sentais comme figé, collé au sol; et en même temps j'avais l'impression d'être comme sorti de mon corps.

Mon corps était là, et moi je regardais avec des yeux neufs; j'entendais avec des oreilles neuves. Je ne sais pas comment le dire. Et je l'ai vu lui, Jésus. Je dis lui, mais ce n'était pas lui, il était rayonnant, il était nimbé de lumière, une lumière qui n'était pas celle du soleil qui se levait, mais une lumière qui sortait de lui. Et il parlait avec deux hommes que j'ai reconnus tout de suite: il y avait Moïse qui ne portait pas le voile avec lequel on le représente et qui lui aussi rayonnait, et il y avait Elie, avec son manteau en poils de chameau et sa barbe.

J'entendais ce qu'ils disaient, ils parlaient de Jérusalem et de son départ. Je ne comprends pas trop, mais ça ne me plait pas. Mais c'est sûr que Jésus doit faire ce qui est prévu pour lui depuis toute éternité. Et puis ils sont partis, enfin ils se sont dissous dans le ciel. Et moi, j'aurais voulu qu'ils restent là tous les trois, que le temps s'arrête, que le mauvais n'arrive pas.

Et là j'ai voulu dire quelque chose, mais c'était comme dans ces rêves où on veut parler et où on n'y arrive pas. Ce que je voulais, c'était qu'ils restent, que nous puissions être tous les six, eux trois et nous trois. Alors l'idée qui était là, c'était de leur construire des tentes, un peu comme la tente de la rencontre.. Je sais que ce n'était pas possible, mais en même temps, j'étais incapable de me taire et je ne voulais pas qu'ils partent, je voulais que ça dure.

Et voilà que c'est devenu sombre. Il y avait une sorte de nuage qui s'est abattu sur nous, un nuage comme je n'en n'ai jamais vu, un nuage qui faisait peur et qui pourtant protégeait. Et une voix est venue, une voix qui me disait, qui nous disait que nous devions écouter Jésus, que nous devions reconnaître en lui le fils qu'Il avait choisi. Sur le coup je n'ai rien compris, mais moi, je suis lent à comprendre. Puis, une certaine terreur est venue en moi, j'ai compris que nous avions entendu la voix du Tout Puissant, une voix qui s'était adaptée à nos oreilles, une voix qui s'était fait douceur et qui nous demandait de reconnaître vraiment que notre Jésus était son fils et que nous devions l'écouter comme nos pères avaient écouté les paroles retransmises par Moïse.

Et quand la voix en nous s'est tue, Jésus était à côté de nous, semblable à lui-même. Il n'a rien dit, nous non plus. Heureusement que nous étions tous les trois, parce que sinon je me serais demandé si je n'étais pas devenu un peu fou. Et cela, cette vision de lui, avec Moïse et Elie, nous l'avons gardée en nous précieusement. Et nous avions vraiment eu l'impression d'avoir vu le règne de Dieu sur notre terre.
Nous sommes redescendus, et curieusement nous ne sentions plus la fatigue. Et dès que nous avons retrouvé le village d'où nous étions partis, il a choisi des disciples pour les envoyer au devant de lui, pour annoncer la parole. Et la vie a repris son cours.

Bien que le texte ci-dessous apparaisse déjà à la page 77, j'ai pensé qu'il pouvait être intéressant d'avoir ces deux approches, racontées par deux témoins aussi différents, l'une à la suite de l'autre. C'est donc un peu un doublet, mais dans une optique de comparaison ce n'en n'est pas un.

Jean, le fils de Zébédée et le frère de Jacques, raconte.

Le Maître nous avait demandé qui il était pour nous. Alors, avant même que nous ayons pu ouvrir la bouche, Simon a dit qu'il était le Christ. Là c'était la bonne réponse. Mais ensuite, comme Jésus disait (et à nous non plus, ça ne plaisait pas du tout) qu'il allait être livré aux mains des scribes, des anciens et des grands prêtres, qu'il devait souffrir et être mis à mort, Pierre a réagi au quart de tour, et s'en est pris plein la gueule, parce qu'il disait à Jésus que ce n'était pas possible. Après, ça a jeté un sacré froid: il s'est quand même fait traiter de Satan... Alors on continué à marcher vers Césarée, sans trop rien dire. Mais on comprenait quand même la réaction de Simon.

Bref, ce n'était pas terrible. Les jours ont passé, et là Jésus est venu nous chercher, moi Jean, avec Jacques et Pierre. Je me suis souvenu de ce jour à Capharnaüm où il n'avait pris avec lui que nous trois, pour aller dans la maison d'une jeune fille qui venait de mourir; comment il l'avait prise par la main et lui avait rendu la vie. Il n'y avait eu que nous trois et c'était une telle joie pour nous.

Là, il nous a conduit à l'écart. Il aime bien cela le Maître, se mettre à l'écart. Souvent quand on lui demande une guérison, il prend la personne avec lui - enfin avec nous aussi, et il le sort de cet endroit où il y a de la foule, du bruit; et là, il peut parler, il peut regarder, il peut vraiment être celui qui est rempli d'amour pour son prochain. Alors quand il nous a demandé d'aller dans la montagne, au fond de moi, j'étais heureux; et comme Simon était là, c'était un peu comme s'il lui avait pardonné.

On a pris notre temps pour monter. Arrivés tout en haut, il y avait le bruit du vent dans les pins, il y avait des rochers plats. On s'est assis. Lui il s'est mis à prier. Et là...

Là, il s'est passé quelque chose d'extraordinaire. D'un coup, il est devenu différent, il est devenu tout Autre. Il y avait comme une lumière en lui, il était lumineux, il était lumière. Et avec lui, il y avait Elie avec son manteau en poils de chameaux, et Moïse.

Je sais que cela paraît impossible, et pourtant c'est bien ce que nos yeux ont vu. Et Simon, qui a toujours besoin de parler, a dit qu'il se proposait pour dresser trois tentes... Un peu fou Simon, mais il voulait sûrement que ce moment dure longtemps. Et la tente, cela fait penser à la tente de l'Alliance, cette Tente où Dieu parlait à Moïse, comme un ami parle à son ami.

Et puis il s'est alors passé quelque chose d'autre. La nuée, cette nuée dont Moïse parlait, elle était là, sur nous, comme si nous étions pris dans cette lumière qui nimbait notre maître. Et nous avons entendu une voix très douce, une voix qui ne faisait pas peur, une voix qui était presque suppliante, qui nous disait que notre Rabbi était son Fils, son fils bien aimé, et qu'il nous demandait de l'écouter. Ecouter, obéir, oui, ça nous le savons, mais là, c'était autre chose, c'était comme si Le Seigneur, le créateur de tout l'univers, nous faisait à nous, une demande: écouter celui qui est son envoyé, celui qui est son Fils. Et c'est bien plus que le Roi Messie. Le Fils...

J'avais fermé les yeux quand les gouttelettes de lumière s'étaient posées sur nous, et je ne sais pas combien de temps s'est écoulé. Mais quand j'ai rouvert les yeux, il n'y avait plus que Jésus, et Simon-Pierre et Jacques.

Jésus nous a demandé de ne parler de cela à personne, tant qu'il ne serait pas ressuscité d'entre les morts: comme un secret très fort entre lui et nous. N'empêche que ce "ressuscité d'entre les morts", on n'arrivait pas à le comprendre, mais on lui a fait confiance.

En redescendant, on lui a posé des questions; parce que Elie nous l'avions bien vu avec lui. Et il nous a expliqué que Jean c'était le nouvel Elie, qui avait préparé les chemins pour lui; et là, on était bien d'accord, parce que si nous n'avions pas reçu le baptême de Jean dans les eaux du Jourdain, nous, les pêcheurs nous ne l'aurions pas suivi, et nous n'aurions pas vu ce que nos yeux ont vu aujourd'hui. Et nous savons maintenant que quoi qu'il arrive, nous le suivrons.

Jean, l'apôtre, raconte l'entrée dans Jérusalem Luc 19, 28-40 et le choix de la salle du repas pascal Luc 22, 10-30

"Étonnant":

Luc 19,29-30 et Luc 22,10-30: "Vous trouverez un ânon à l'attache - Vous suivrez un homme portant une cruche d'eau ..."

Quand on lit dans les synoptiques les récits de ce que nous appelons "l'entrée triomphale à Jérusalem" et "l'institution de l'eucharistie", on ne peut qu'être surpris par certaines demandes ou affirmations de Jésus, et se demander comment il pouvait le savoir.

La première concerne cet ânon que personne n'a monté et qui accomplit la prophétie du prophète Zacharie (Za 9, 9): *"Exulte de joie fille de Sion! Crie de joie, fille de Jérusalem! Voici que ton roi vient à toi: il est juste et victorieux, humble et monté sur âne, sur un ânon, le petit d'une ânesse"*. Mais comment Jésus pouvait il savoir que dans ce village-là, il y aurait sa monture royale ? Et comment pouvait-il à l'avance indiquer ce qu'il faudrait répondre aux propriétaires de la bête ?(Lc 19, 29-30)

La seconde concerne le choix de la salle où sera célébrée la Pâque - et cela ne devait pas être facile de trouver une telle salle. Savoir que les disciples rencontreraient un homme portant une cruche d'eau (cela devait être plus qu'insolite, car les porteuses d'eau normalement ce sont les femmes); savoir que ce dernier rentrerait dans une maison spécifique; savoir qu'une salle sera mise à sa disposition, il y a quand même de quoi rester un peu pantois (Lc 22, 10-13).

Comme Luc rapporte, pour ce dernier événement, qu'il a envoyé Pierre et Jean (deux des témoins de la transfiguration), j'ai voulu laissé parler Jean, le fils de Zébédée.

Jean, l'apôtre, le fils de Zébédée, raconte:

Je sais bien qu'il nous a montré sa gloire il n'y a pas si longtemps, près de Césarée de Philippe; je sais bien qu'il sait ce qu'il y a dans le cœur de l'homme; mais malgré tout il y a des choses qui me démontent. Comment pouvait-il savoir qu'il y aurait un ânon jamais monté qui l'attendrait tout près du Mont des Oliviers? Comment pouvait-il savoir qu'il nous suffirait, à Pierre et à moi, de suivre un homme portant une cruche d'eau pour trouver le propriétaire d'une salle où nous pourrions célébrer la Pâques tous ensemble? Comment pou-

vait-il savoir tout cela? Cela fait deux fois qu'il nous fait le coup. D'où lui vient ce savoir?

La première fois, on n'était pas loin de Jérusalem. On avait été à Jéricho; Zachée le chef des publicains, Zachée le petit, nous avait offert un magnifique repas; et de mon point de vue, il était devenu "grand" quand il avait dit qu'il allait faire don aux pauvres de la moitié de ses biens, et que s'il avait fait du tort à quelqu'un il lui rendrait quatre fois plus. Mais là déjà Jésus nous avait surpris: il connaissait le nom de cet homme, et il avait vu qu'il avait grimpé sur un sycomore. Mais depuis que nous marchons avec lui, avec les miracles qu'il a faits, le pain qu'il a multiplié, on ne s'étonne plus...

Puis on s'était mis en route et là, Jésus nous avait raconté une drôle d'histoire, pas si drôle que ça.. Une histoire de talents, mais je n'ai pas bien compris, sauf que ça se terminait mal pour celui qui avait eu peur de son maître et n'avait pas fait fructifier la somme, et pour ceux qui ne voulaient pas que ce roi soit leur roi.

On était arrivé près du Mont des Oliviers, à Béthanie; et là, il a demandé à deux d'entre nous, dont moi, d'aller au village d'en face, de détacher un petit âne, un petit âne sur lequel personne ne se serait encore assis, et de le lui amener, en disant aux propriétaires que le Seigneur en avait besoin et qu'il le leur rendrait ensuite. On était un peu soufflé, mais on a obéi; et on a tout trouvé comme il avait dit. Et on lui a amené l'ânon, qui se laissait faire, ce qui nous a surpris, parce que les ânes...Enfin celui-là il nous a suivi sans faire trop d'histoires.

On a posé des vêtements sur le dos de l'âne, parce que monter "à cru" ça fait mal, et on a aidé Jésus à monter dessus. On a pensé à une prophétie: "Voici ton roi qui vient à toi, monté sur le petit d'une ânesse".

Et je pensais aussi à ce qui est écrit dans la Loi sur le rachat des premiers nés (Ex 34, 20): "Le premier-né des ânes, tu le rachèteras par un mouton; et si tu ne le rachètes pas, tu lui rompras la nuque. Tout premier-né de tes fils, tu le rachèteras. On ne se présentera pas devant le Seigneur les mains vides". Je me suis dit que peut-être ce petit n'avait pas été racheté (parce que ça, ça ne se fait plus), et qu'il représentait notre peuple, pas racheté; et que Jésus, le nouveau roi, allait faire cela.

Quand on a commencé à redescendre vers Jérusalem, des gens sont sortis de partout, comme s'ils s'étaient donné le mot, ils agitaient des palmes et ils chantaient et acclamaient notre Jésus, monté sur son âne. Je pensais un peu au transfert de l'arche d'alliance du temps du roi David, avec le roi qui dansait, et la foule des disciples qui chantait. C'était beau, c'était presque magique, ces phrases répétées par tous:" Béni soit celui qui vient, Le Roi, au nom du Seigneur! Paix dans le ciel et gloire au plus haut des cieux."

Mais hélas, comme d'habitude, les pharisiens ont cassé la joie. Jésus leur a dit que si nous nous taisions, les pierres se mettraient à crier. Alors là, ils n'ont plus rien dit. Puis quand Jésus a commencé à enseigner dans le Temple, on s'est bien rendus compte que dans le peuple, il y avait plein de personnes qui écoutaient le maître avec joie, mais que les prêtres eux, n'aimaient pas du tout, et qu'ils cherchaient à le tuer. Mais pour en revenir à l'ânon, comment Jésus avait-il su?

Et pour la préparation de la Pâque, ça nous a encore plus surpris. Car sI je reviens à l'ânon, on pouvait bien penser que dans un village, il y aurait des ânes et des ânons à l'attache; il y a des villages où les propriétaires mettent leurs animaux à disposition de ceux qui en ont besoin. Mais trouver dans Jérusalem un homme qui porte une cruche d'eau, le suivre - et des hommes qui portent des cruches, pardonnez -moi, mais ça ne court pas les rues. Entrer avec lui dans une maison que nous ne connaissions pas, dire au propriétaire que le Maître avait besoin de la salle haute pour lui et ses disciples, eh bien ce n'est pas si facile. Pourtant tout s'est déroulé comme cela, et nous avons acheté ce qu'il faut pour la célébration.

Et là... Là, si vous saviez...

Ce repas, il célèbre notre libération, notre sortie de l'esclavage. Il est mémoire du passé, mais il est aussi le présent: c'est aujourd'hui que nous sommes libérés, que nous traversons la mer, que nous recevons les Tables de la Loi, que nous sommes des vivants. Et là, Jésus il a eu des gestes et des mots incroyables, qu'on n'a pas compris. Ils n'ont pris sens qu'après, une fois que sa mort nous a libérés de l'emprise du mauvais, de ce mauvais qui semblait avoir gagné, mais qui était enfin vaincu.

Oui, celui-là, il sait tout, et il sait que nous l'aimons.

JEAN

Les Noces de Cana Jn 2,1-12, racontée par les serviteurs.

Ce signe, l'eau transformée en vin, l'eau puisée qui devient vin, permet aux disciples de croire en Jésus. J'avais d'abord pensé laisser la parole au disciple (celui qui avait suivi Jésus en même temps que le frère de Simon, André), mais vu l'insistance portée sur "ceux qui servaient", j'ai laissé la parole aux serviteurs;

Les serviteurs parlent:

On était au deuxième jour de la noce, on commençait à en avoir plein les bottes et on s'est rendu compte qu'il n'y avait plus de vin. Par certains côtés cela nous arrangeait, mais ce n'était pas à nous de nous occuper de cela. Il y avait une jeune femme, enfin peut-être pas si jeune, mais elle le paraissait, et aussi son fils. Lui, c'était un très bel homme. Il ne buvait pas comme les autres. Il avait avec lui des amis qui s'étaient invités avec lui à la noce. Ces cinq là, ils n'étaient pas comptés, mais ces grandes fêtes là, elles sont ouvertes à tous.

Elle, elle s'était rendue compte que nous étions soucieux, et puis nous avions un peu peur de la réaction du maître du repas. Lui, il n'est pas drôle, il contrôle tout, il est partout et pas question pour nous de ne pas être attentifs aux besoins des uns et des autres et quand les gens commencent à être un peu ivres, ce n'est pas facile.

Elle a attrapé son fils par la manche et comme on n'était pas loin on a entendu qu'il lui disait- et cela nous a surpris, parce que ce n'est pas comme cela qu'on répond à la mère qui vous a porté dans son ventre, qui vous a mis au monde, qui vous a élevé -, "Femme que me veux-tu, mon heure n'est pas venue". C'était étonnant cette phrase.. Et qu'est ce qu'il voulait dire par "mon heure n'est pas encore venue"? Qui était-il ce galiléen? Et pourtant lui, il n'avait pas bu, donc il ne pouvait pas être pris par la folie des grandeurs. Bref on n'a pas compris. Elle, elle s'est approchée de nous et elle nous a dit que s'il nous demandait de faire quelque chose, nous devrions le faire. Après tout pourquoi pas.

Et lui, il est arrivé un peu plus tard, et vraiment pour le vin, il n'en restait plus. Les outres se vidaient les unes après les autres. Il nous a demandé de remplir d'eau les grandes cuves qui servent aux ablutions. Là on n'était pas très contents, parce que l'eau, il faut aller la chercher à la source, mais bon c'était comme ça. Et on a rempli les six cuves. On était fatigué.. On se demandait ce qui allait se passer. C'était bien gentil d'avoir de l'eau, mais ce n'était pas ça dont on avait besoin.

Il nous a demandé d'en puiser un peu, et de l'apporter au maître du repas et là, on a vu que l'eau limpide avait changé de couleur. On n'en croyait pas nos yeux. On avait l'impression que quelque chose avait changé en nous, autour de nous, et nous ne sentions plus la fatigue.

Bref, on a apporté de cette eau changée en vin à celui qui était le régisseur, il l'a goûté, (nous on se demandait un peu quel goût ça allait avoir) et sans nous regarder il s'est dirigé vers le marié et on avait l'impression qu'il n'était pas content. On a su qu'il lui avait reproché d'avoir gardé ce vin qu'il trouvait excellent pour la fin de la noce, à un moment où les convives n'étaient plus capables de faire la différence entre un bon vin et de la piquette. Mais bon, c'était comme ça, sauf que nous, on savait que c'était un vin mystérieux.

La noce s'est terminée, et nous les serviteurs, nous sommes allés trouver ce Jésus et nous lui avons dit que nous voulions le suivre, et il a bien voulu. C'était le premier miracle qu'il faisait, et cela nous avait fait penser à Moïse qui transforme les eaux du Nil en sang. Et nous ne savions pas qu'un jour il donnerait son sang pour nous, mais ce jour-là, nous étions dans la joie de pouvoir le suivre.

Jésus raconte sa rencontre avec une femme accusée d'adultère. Jn 8, 1-11.

C'est le cinquième dimanche de Carême. L'évangile propose la femme adultère; et même si j'ai déjà écrit plusieurs textes sur ces versets, j'ai eu envie de laisser Jésus raconter. Mais j'ai eu aussi envie de remettre ce texte dans le contexte de mort: car, si je puis dire, quand Jésus est en Judée, il est "wanted", sa tête est quasiment mise à prix. Il dérange trop. Et dans cette histoire, il est bien question d'arriver enfin à se débarrasser de ce type qui est tellement gênant.

Ce qui se passe là, c'est aussi cette manière qu'a Jean de reprendre les synoptiques à sa manière. Car si on ne présente pas, dans les synoptiques, une femme ayant (soit-disant) commis l'adultère, cette question de l'adultère sera évoquée autrement, quand les pharisiens demanderont à Jésus si un homme a le droit de renvoyer sa femme, ou quand les sadducéens poseront la question de savoir avec lequel de ses époux la femme qui a épousé les sept frères vivra après la résurrection. Mettre Jésus à l'épreuve pour pouvoir le tuer..

Jésus raconte sa rencontre avec cette femme dont on ne connaît pas le nom...

C'était pendant la semaine de la fête des Tentes. J'avais hésité à monter au Temple, mais mon Père m'a dit que je devais y aller, être un juif qui obéit aux prescriptions de Moïse. Et une fois dans ce lieu, qui est le lieu ou qui devrait être le lieu de la Présence, j'ai enseigné; et les foules de ceux qui aiment m'entendre sont venues. J'aime leur parler, j'aime les enseigner. Ils commencent à se demander qui je suis.

Ils sont un peu empêtrés avec ce que disent les scribes sur le Messie: parce que pour eux je suis de Nazareth, et Nazareth est en Galilée. Et de Galilée, d'après leur manière de scruter les écritures, rien ne peut sortir de bon, surtout pas un prophète; et encore moins le messie. Ils ne savent pas que je suis pourtant de la descendance de David, et que j'ai vu le jour à Bethléem; mais c'est important qu'ils ne le sachent pas. Ils doivent me reconnaître comme le Fils, non pas à cause de mon origine géographique, mais parce que, comme mon Père, j'agis pour le bien et pour le bon. Et si j'ai guéri ce para-

lytique un jour de Sabbat, ce n'est pas pour transgresser, mais pour permettre à cet homme de vivre en fils, et n'est ce pas cela l'important?

Mais si la foule m'apprécie, par contre les scribes et les pharisiens, et même les anciens qui siègent au Sanhédrin, sont tellement en colère contre ce que je suis, qu'ils ont même envoyé des gardes pour m'arrêter; tout ça, pour cette guérison. Mais au-delà, ils ont peur. Et ils ne savent pas de quoi. Du coup, ils refusent d'ouvrir les yeux de leur cœur et ils se servent de la loi comme d'une arme contre moi. Seulement, les gardes, qui sont des gens simples, n'ont pas porté la main sur moi, et ils en ont été pour leur frais; mais je suis sur "mes gardes", ils vont trouver quelque chose pour me mettre à mort.

Et aujourd'hui, après avoir passé la nuit dans le jardin des oliviers, ce jardin où il y a ce grand cimetière mais aussi ces arbres qui me font penser à cette phrase "et moi je suis comme un bel olivier planté dans le jardin de mon Dieu", je suis allé chanter les psaumes dans le temple et j'ai commencé à enseigner. Bien sûr mes disciples sont là, et déjà une petite foule. Et ils sont arrivés; ils je veux dire les "bien pensants", les "purs", les "justes".

Avec eux, il y avait une jeune femme, elle me faisait penser à ma maman, elle était toute jeune. Sûrement, une de ces femmes accordée à un homme bien plus âgé qu'elle, et qui est un peu une esclave, quoi qu'on en dise. Elle n'avait pas son voile; elle était vêtue à la hâte et il y avait des larmes qui coulaient.

Ils m'ont interrompu, ont placé la femme en plein milieu devant moi. Ils m'ont dit qu'elle avait commis l'adultère, et qu'ils voulaient que je leur dise ce qu'ils devaient faire... Alors là.. SI je dis qu'il ne faut pas la lapider, ils diront que je ne respecte pas la Loi, et ils me lapideront avec elle. Et si je dis qu'il faut la lapider, ils diront que moi qui prêche la miséricorde des pêcheurs, je ne suis pas cohérent, et je n'aurai plus aucun crédit auprès de ceux que j'aime tant enseigner.

Alors je me suis assis, je suis comme rentré en moi-même, et je parlais à mon Père. Il m'a dit d'écrire sur le sol la loi que moi je devais mettre dans leur cœur, cette loi dont parlait Jérémie et Ezéchiel, cette loi d'amour. Cette loi je l'ai écrite sur le sable, parce que le temps de l'écrire dans le cœur n'était pas venu: "Aimez vous les uns les autres comme je vous ai aimés". Et eux, ils discouraient toujours, et elle, elle était de plus en plus terrorisée. Certains avaient déjà commencé à ramasser des pierres. Moi, je cherchais les mots pour exprimer la nouvelle loi, celle que je leur donnerai.

Ils se sont à nouveau adressés à moi, et là je me suis redressé; et les mots sont sortis tous-seuls: "Que celui qui n'a jamais péché lui jette la première pierre!" Je n'ai pas vraiment réfléchi, les mots se sont formés en moi. Et eux qui connaissent si bien la Tora, ils savent bien que le juste pêche sept fois par jour, alors eux.. Je ne juge pas, je suis triste à en mourir pour eux; mais cette femme, cette petite fille, qu'elle ait ou non commis l'adultère, n'est-elle pas aussi comme tout ce peuple qui n'écoute plus mon Père? Et moi je suis venu pour qu'ils aient la vie, pas la mort.

Alors ils ont baissé les yeux, eux tous, tels qu'ils sont; et ils sont partis les uns après les autres, en commençant par les plus âgés. Et elle est restée seule, dans ce cercle vide. Elle et moi. Moi assis, elle debout. Elle n'osait pas me regarder.

Je lui ai demandé où ils étaient - j'ai fait cela pour qu'elle revienne dans le présent, pour qu'elle sorte de son mutisme. Elle a ouvert la bouche pour dire qu'ils étaient tous partis. Je lui ai dit qu'elle pouvait partir, rentrer (mais où?); et qu'elle devait résister au péché.

Il s'est alors passé quelque chose. Son regard s'est comme illuminé; je crois qu'elle m'a vu tel que je suis, sans péché. Et au lieu de partir, elle a regardé mes disciples.

Jean, celui qui a ses entrées auprès des grands-prêtres, lui a souri, et lui a fait signe qu'elle pouvait venir avec nous. Un jour, un autre jour, c'est ma maman que je lui confierai, mais ce jour n'est pas encore là, même s'il n'est pas loin.

Jésus confie sa mère à Jean Jn 20, 2-8.

La liturgie propose, pour ce jour juste après Noël, le texte de l'évangile de Jean: Jn 20, 2-8, qui raconte comment Simon-Pierre et le disciple que Jésus aimait partent au tombeau après que Marie-Madeleine soit venue leur annoncer que le corps avait disparu.

Le disciple que Jésus "aime" raconte.

On a passé encore une nuit affreuse. Il y a eu cette nuit où ils l'ont arrêté, il y a cette nuit où on l'a mis dans un tombeau, et cette nouvelle nuit qui signe la fin du Sabbat et qui va nous permettre de trouver un autre endroit pour poser son corps.

Chez moi, il y a Marie, la mère de Jésus, sa maman qu'il m'a confiée, qui pleure sans bruit. Il y a Pierre, qui au fond de lui est en colère, qui lui ne croit plus à rien, plus en rien, et qui ne comprend pas comment on en est arrivé là, comment Judas a pu faire une chose pareille, comment lui, il a pu dire qu'il ne connaissait pas notre Maître. Nous avions décidé d'aller au petit matin, voir ce tombeau où Joseph et Nicodème nous ont dit avoir déposé le corps du maître et peut-être trouver un autre lieu pour qu'il repose.

Et voilà, que quelques minutes après le lever du soleil, Marie de Magdala, celle que Jésus a délivré de sept démons, celle qui lui a lavé les pieds avec du parfum, arrive chez moi et annonce que le corps de Jésus a disparu. Disparu.. Parti, enlevé, volé..

Que s'est il passé? Est ce qu'il est vraiment redevenu vivant notre maître bien-aimé, vivant comme il l'avait annoncé? Pour moi c'était évident, mais pas pour les autres. Alors nous sommes partis au pas de course pour aller voir.

Je suis arrivé le premier, mais moi, je ne suis pas un apôtre, je suis certes un de ceux qui ont suivi Jésus, mais je ne suis pas un des douze, même si je suis celui que Jésus aimait (que

Jésus aime). Je voulais que Simon entre le premier. Mais j'ai bien vu sur la dalle que le corps n'était pas là, qu'il y avait les bandelettes bien à plat là où aurait dû se trouver le corps. Et en moi, l'espoir était là.

Puis Pierre est arrivé, il est entré et il a vu.. Il a vu les linges pliés, et le suaire posé à la place de la tête, et il faisait une drôle de tête en sortant.

Alors moi je suis entré, comme lui j'ai vu, mais j'ai senti quelque chose, j'ai senti une absence qui était une présence et qui me disait: "Je suis vivant, ne me cherche pas parmi les morts, je suis vivant comme je l'avais promis; va le dire aux autres."

Alors une grande joie m'a saisi et en rentrant à la maison Marie nous a dit que son Fils était venu, qu'il était vivant et que les larmes qu'elle versait était des larmes de joie.

Quant à Marie de Magdala, elle était retournée au tombeau à la recherche d'un corps qu'elle ne trouvera pas.

Le disciple bien-aimé raconte ce qui s'est passé au bord du lac. Jn 21

Les lectures de ce temps après Pâques nous ont permis d'entendre une fois encore la finale de l'évangile de Jean, ce chapitre 21, qui se passe en Galilée, un peu comme si, malgré ce qui s'était passé après la résurrection, les deux apparitions de Jésus au milieu de ses disciples en train de partager un repas n'avaient pas été suffisantes pour les pousser à "sortir et annoncer la vraie nouvelle". On a l'impression que la peur reste présente, et si l'on en croit ce qu'écrit le "disciple bien-aimé", on peut presque penser à une fuite. Reprendre la vie en Galilée, loin de Jérusalem, est quand même plus simple. Et on a donc cet épisode de la pêche des 153 poissons, de ce feu de braises, de Pierre qui saute dans l'eau après avoir passé un vêtement, du repas, du dialogue entre Jésus et Pierre, dialogue d'où Jean est exclu, alors que lui, il a cru dès le début, il a compris les signes. Alors j'ai eu envie de le laisser parler ce disciple aimé, et de le laisser parler en imaginant un peu son amertume: parce que si c'était à lui que Jésus avait posé la question "Jean m'aimes-tu", il aurait été tellement convaincant, et convaincu, que Jésus n'aurait pas dû poser trois fois la même question…

Le disciple que Jésus aime raconte ce qui se passe au bord du lac

Ce n'est vraiment pas juste.. Je peux tout comprendre, je peux tout admettre, parce que je l'aime plus que tout, parce que j'ai posé ma tête sur sa poitrine, parce que j'ai écouté battre son cœur, mais ce qui s'est passé là, cela n'a pas été facile, même s'il a dit que je devais "demeurer". Demeurer, être là, pour lui, avec lui et en lui.. Mais bon, pas si simple.

Moi, j'ai tout de suite su que c'était Jésus, le Jésus neuf, le Jésus vivant, qui nous attendait sur la rive avec ce feu dont je voyais la fumée. Je sentais l'odeur du poisson grillé, du pain et naturellement les autres ne comprenaient rien. Pourtant ils m'ont raconté que le premier jour de la semaine, cette semaine qui a vu sa mort, son ensevelissement, il leur était apparu, il avait soufflé sur eux, il leur avait donné son Esprit; et que la semaine d'après il avait parlé à Thomas, qui ne pouvait pas croire qu'il était vivant autrement, qu'il était ressuscité: pas comme Lazare, pas comme le fils de veuve de Naïm; mais qu'il était, comme il nous l'avait dit, la Vie.

Et Pierre, quand j'ai dit cela, au lieu de se préparer à accoster, il a fallu qu'il saute dans l'eau. Pourquoi a-t-il mis un vêtement? Peut-être parce qu'il se sentait tout nu devant Jésus, un peu comme Adam et Eve se sont sentis tous nus, l'un devant l'autre, quand leurs yeux se sont ouverts. Alors nous, on est restés dans la barque et lui, il est arrivé le premier, parce que faire manœuvrer la barque avec le poids des poissons, ce n'était pas facile. Et peut-être qu'il voulait être sûr que c'était bien lui. Qu'est ce qu'ils se sont dit? J'aurais bien aimé le savoir… Des poissons, on en a compté cent cinquante-trois. Mais le plus beau des poissons, si j'ose dire, c'était le Seigneur, qui était là et qui nous attendait.

Ensuite, par trois fois, il a demandé à Pierre, en l'appelant "Simon fils de Jean", s'il l'aimait. Et Pierre disait oui, mais c'était timide. Ce n'est pas facile pour un homme de dire à un autre homme qu'il l'aime plus qu'il n'aime ses compagnons, mais ce n'est pas si difficile. La troisième fois, il m'a semblé qu'il était proche des larmes… Peut-être qu'il a pensé à cette terrible nuit où il n'a pas eu la force de dire qu'il était du côté de Jésus. Peut-être aussi que Jésus qui, cette terrible nuit, avait entendu Pierre dire qu'il ne le connaissait pas, voulait lui faire comprendre quelque chose, je ne sais pas.

Pourquoi il ne me l'a pas demandé à moi, si je l'aimais, moi dont le cœur fond dès que je le vois, moi qui étais près de lui quand il était sur la croix, moi qui ai pris sa mère chez moi, moi qui ai couru au tombeau parce que Marie de Magdala était venue nous dire que le corps avait disparu, moi qui ai attendu que Pierre entre le premier, moi qui ai compris qu'il n'était plus là, qu'il ne serait plus jamais là, parce que comme il nous l'avait dit, il était ressuscité parce qu'il avait accompli pleinement la volonté de son Père. Moi j'aurais crié que je l'aimais. Mais ce n'est pas à moi qu'il a donné la charge d'être le pasteur de la communauté qui allait naître. Peut-être que ce n'est pas cela ma charge.

Et puis il a dit à Pierre de le suivre, et à moi de "demeurer"; et ça, les autres n'ont pas compris. Demeurer, c'est cela que je veux. Demeurer avec cette présence de lui en moi, demeurer avec toutes ces paroles qu'il a dites, et les transmettre à mes frères; demeurer avec la présence de l'Esprit, demeurer en Lui, devenir son corps; me nourrir de lui pour être lui, et raconter les merveilles que son Père a faites pour nous, son nouveau peuple.

Textes de 2018

MATTHIEU

Les miracles autour de la tempête apaisée. Mt 14, 24-36

Jésus raconte:

"Tous ceux qui étaient avec moi ont eu à manger: quand la nuit a commencé à venir, les disciples m'ont demandé de renvoyer ceux qui m'avaient écouté. Mais ça, je ne pouvais pas le faire. Bien sûr il faisait encore un peu jour, mais ce n'était pas possible. Je leur ai donné à manger avec que l'on avait. Je sais qu'ils n'ont pas compris; ils comprendront plus tard, quand je serai parti.

Puis la nuit est vraiment tombée. Alors j'ai envoyé mes hommes avec leur barque sur l'autre rive. Je voulais être seul; je voulais avoir mon temps avec mon Père, je voulais aussi profiter de cette nuit, la nuit des commencements. Et puis, quand les étoiles ont commencé à pâlir, quand je suis sorti de mon temps à moi, de ce temps où je suis avec la Source de tout, j'ai vu les nuages, j'ai entendu la tempête, et j'ai su que je devais les rejoindre.

Je me suis levé pour me mettre en route sur ce chemin d'eau. Il y a un chant qui dit" Ô Dieu lève toi sur les flots, que ta face domine la terre", et je me suis dressé sur les flots.. Je les ai rejoints, mais là, au lieu d'être heureux de me voir, ils se sont mis à hurler, eux mes hommes, ils ont cru que j'étais une émanation du mal, un fantôme qui venait pour les entraîner avec moi dans les profondeurs du lac, dans le néant, dans le shéol.

Ma voix les a un peu rassurés, mais pas vraiment. Des fantômes, on en connaît qui chantent pour attirer les marins vers la mort. Alors Pierre, mon Pierre m'a dit: Si c'est toi (ah le doute), dis-moi (commande-moi) de venir jusqu'à toi. C'est ce que j'ai fait. Là il a eu le courage d'enjamber le bord de la barque et de se mettre à marcher. Il me regardait, il avançait.

Seulement les vagues étaient toujours là, le vent aussi, un vent qui voulait le faire vaciller, parce que oui, le mal est là, le mal existe. Alors la peur est revenue, il a oublié que j'étais là en face de lui, et il a perdu pied, il a commencé à perdre l'équilibre, et à être attiré par la mer qui voulait me le voler. Mais il a crié et c'est cela qui l'a sauvé. Il n'a pas vu que je m'approchais de lui très vite, il a juste vu que je tendais la main vers lui, que je l'attrapais, que je le remettais debout et qu'épaule contre épaule, nous avons marché vers la barque, mais toujours avec le vent qui voulait nous faire tomber tous les deux.

Nous avons enjambé le bord de la barque, et le vent est tombé d'un coup. Cela a été le silence, un silence étonnant, même pour moi, un silence rempli de présence, et les autres, mes hommes à moi, mes hommes qui avaient eu tellement peur, tellement douté, se sont prosternés devant moi. Pas

Pierre, parce que lui, il avait vécu autre chose, quelque chose qui je l'espère l'avait transformé. Lui a été saisi par moi, et sorti du gouffre. Là aussi, je l'ai sorti du gouffre.

Puis nous sommes arrivés à Génésareth et la vie a repris son cours habituel avec les guérisons; mais je ne suis pas sûr qu'ils comprenaient que Dieu visitait son peuple et que le Salut était vraiment là.

La version de Pierre:

Une fois de plus les foules attendaient notre maître: c'est au bord du lac; un endroit sans rien, juste de l'herbe. Il a parlé, parlé comme il sait si bien le faire; il a guéri aussi. Nous, nous étions là, et quand il parle le temps n'existe plus; et quand le soleil est allé sur l'horizon, on lui a dit qu'il fallait qu'il renvoie tous ceux qui étaient là, pour qu'ils puissent rentrer chez eux avant la nuit, et puis que nous n'avions rien pour leur donner à manger. Là, une fois de plus, il nous a pris à rebrousse poil. Il nous a dit de leur donner à manger. On avait en tout et pour tout cinq pains (je dis cinq pour dire qu'il y en avait peu) et deux poissons. On lui a donné cela, et là il a levé les yeux vers le ciel, il a prononcé la bénédiction et on a donné, et donné et donné encore. Tout le monde a eu de quoi manger et il y a eu des restes, beaucoup de restes. Je dois dire qu'au fond de nous on était choqués, on ne comprenait pas. Mais lui il savait ce qu'il faisait.

Il nous a dit de le laisser, et de repartir avec la barque de l'autre côté. On n'a pas posé de questions, on est partis. On n'aime pas trop le laisser tout seul, mais c'est comme ça. On s'est mis à ramer, et comme ce foutu lac sait le faire, il est devenu mauvais. Je veux dire qu'une tempête s'est levée, qu'on ne voyait plus rien, que les vagues battaient le bateau et qu'on luttait tant qu'on pouvait; et en plus, dans la nuit, on ne savait plus où on allait: plus de repères.

Et voilà qu'aux premières lueurs du jour, enfin même pas, on a vu une silhouette qui avançait vers nous. Alors ce fut la panique à bord. C'était sûrement un fantôme qui venait nous entraîner au fond. Le fantôme s'est mis à parler, il a dit "C'est moi, n'ayez crainte". Mais les fantômes, souvent, prennent la voix des autres; alors je lui ai dit qu'il me donne l'ordre de venir jusqu'à lui sur les eaux. Et il l'a fait; et moi, moi qui ne sais pas nager, j'ai enjambé le bord de la barque et j'ai commencé à marcher sur les vagues. C'était étonnant, je ne comprenais pas comment c'était possible. Seulement, si mes pieds sentaient l'eau, je sentais le vent qui m'enveloppait, qui me poussait, qui me renversait, et je voyais les vagues; et là j'ai commencé à m'enfoncer, et j'ai eu peur, peur, et j'ai crié, j'ai crié: "au secours Jésus!" Et il m'a attrapé, il m'a relevé; et j'ai compris ce que cela voulait dire d'être sauvé. C'est Lui qui m'a aidé à enjamber le bastingage; et une fois dedans, le vent s'est calmé.

Alors tous les autres se sont tournés vers lui; ils auraient pu l'acclamer, mais ce n'est pas ça qu'ils ont fait, parce que ce qui venait de se passer, c'était un peu comme le miracle vécu par nos ancêtres quand la mer s'était ouverte pour les laisser passer. Je veux dire que pour nous, en Jésus, la puissance de Dieu était présente, et là on ne peut que se prosterner.

Nous avons accosté; et dès que nous avons posé pied à terre, le bouche à oreille a fonctionné, et on a amené à Jésus des malades et encore des malades. Il y en avait trop pour qu'il puisse leur imposer les mains à chacun, mais il leur a permis de toucher la frange de son manteau et ils étaient guéris, comme moi j'ai aussi été guéri de ma peur, de mon manque de confiance, et de mon peu de foi.

Je sais que dans le futur, quand vous lirez ce texte, vous allez vous centrer sur la barque, dire que c'est l'église, que l'église est en proie aux forces du mal. Vous n'aurez pas tort. Restez un peu avec le Maître dans sa nuit; soyez attentifs à ces vents qui veulent faire basculer, chavirer, ceux que vous aimez, ceux que vous connaissez; et priez! Non pas pour que le vent tombe, mais pour que se manifeste, au cœur du vent et de la nuit, cette brise qui est signe de la Présence. Signe du vent de l'Esprit qui souffle dans les voiles de la barque Eglise, mais aussi dans les cœurs; dans vos cœurs.

La pêche à l'hameçon, Mt 17, 24-27

Le texte de l'évangile de ce jour se situe après la guérison de l'enfant épileptique. Il commence par l'annonce de la passion, avec une réaction très différente des disciples, que cela remplit de tristesse mais qui apparemment ne disent rien.

Puis suit ce curieux épisode d'une pêche "miraculeuse", qui permet de payer l'impôt réclamé par Jérusalem pour l'entretien du temple. Si l'on pense que Jésus est le temple de la présence, on pourrait bien penser que payer l'impôt ne le concerne pas. Mais ce qui se passe entre lui et Simon, puisque c'est comme cela que Pierre est appelé par Jésus, m'a donné envie de laisser parler Pierre.

Ce texte m'avait déjà interpellée en 2017 (voir page 156). Les deux récits ont des similitudes, car la thématique sous-jacente est la même: pas facile d'être disciple.
Mais la divinité de Jésus est beaucoup prégnante ci-dessous.

Pierre raconte:

Des poissons, avec lui, j'en ai pêché, et c'est bien cela qui m'a poussé à tout quitter pour aller avec lui, partout. Il m'a choisi avec onze autres, pour être ses envoyés. Il n'a jamais fini de me surprendre, et il nous a même donné le pouvoir de chasser les démons et de guérir.

Mais au fil du temps, j'ai eu l'impression que quelque chose se faisait en lui. Bien sûr les pharisiens étaient à l'affût, ils auraient voulu le prendre en défaut pour le lapider... Mais il y avait autre chose. Il parlait de sa mort, il parlait de résurrection; et cela on ne comprenait pas, sauf qu'on voyait bien qu'il changeait, comme si son enthousiasme diminuait. Après la guérison loupée par mes amis, mais réussie par Lui, de l'enfant qui avait des convulsions, on a repris la route. On allait chez moi, à Capharnaüm. Sur la route, il a encore parlé de ce futur, qui de fait était très proche, et on était tout tristes; surtout qu'on savait bien, et moi le premier, que ça ne servait à rien de lui dire quoi que ce soit.

En arrivant à Capharnaüm, j'ai été abordé par ces fonctionnaires du temple de Jérusalem qui réclament de l'argent pour l'entretien des murs. Normalement cela devrait être du ressort du roi Hérode, mais non, c'est à nous de payer.

Ils m'ont demandé si Jésus s'acquittait de cela, et j'ai répondu oui, mais je n'en savais rien. Et puis, est-ce qu'il n'a pas dit que le temple c'était Lui, qu'Il était le lieu de la présence de son Père? Bref j'ai dit oui. Sauf que moi, il faut bien que je paye, et cet argent je ne l'ai pas, puisque je ne pêche plus.

En arrivant chez moi, Jésus y était déjà, lui, avec les autres. Il m'a posé une drôle de question. Il m'a demandé si les fils des rois devaient payer un impôt comme les autres. Il me semblait évident que non, et c'est ce que j'ai dit, mais je me demandais à quoi il pensait. Être fils de roi, qu'est ce que cela doit être bien !

Alors il m'a dit que nous ne devions pas choquer, et qu'il fallait payer cet impôt que, d'après lui, nous ne devrions pas payer. Du coup, se sentir le frère de Jésus, ça c'était assez super. Se sentir, aussi, libéré de ce joug de devoir payer et encore payer! Mais comment payer? Bien sûr on aurait pu demander à Judas, mais il n'était pas là.

Alors il m'a dit de prendre un hameçon (et ça, j'en ai toujours un sur moi, parce que c'est mon vrai métier et que je ne peux pas m'en séparer), et d'aller dans le port jeter mon hameçon (comme autrefois il m'a dit de jeter mes filets alors que je n'avais rien pris de la nuit). Il a prédit que dans le poisson que j'attraperais il y aurait une pièce qui payerait cet impôt.

J'ai fait tout ce qu'il m'a dit, j'ai attrapé le poisson, j'ai ouvert sa bouche, j'ai trouvé la pièce, j'ai remis le poisson à l'eau et je suis allé payé l'impôt. Mais je dois dire que j'étais quand même plus qu'étonné.

Je suis sûr qu'il a voulu me faire comprendre quelque chose. Déjà qu'il me considérait comme son frère, et ça ce n'est pas rien. Mais je crois aussi qu'il a voulu me faire comprendre que Lui, Jésus, il était comme ce poisson: il était là pour nous libérer de l'impôt: pour payer, Lui. En donnant sa vie, il nous libérait.

En même temps, ouvrir un poisson, mettre sa main dedans, ce n'est pas habituel. Ce poisson là, c'était un poisson que je ne connaissais pas, mais il avait une grande gueule, et spontanément il ne me plaisait pas du tout. Alors faire confiance, ne pas se fier aux apparences, faire ce qu'il dit, cela je l'apprends petit à petit.

Et je dois reconnaitre aussi que j'ai été sidéré par le fait qu'il était comme le maître de la mer. Et cela pour moi, c'était peut-être le signe dont j'avais besoin à ce moment-là, parce que quand il parlait de sa mort, oui cela me faisait très peur, même si j'avais vu la gloire, cette Gloire qui aurait dû résider dans le Temple, l'envelopper! Et même si j'avais entendu cette voix me dire de l'écouter.

Enfin là, j'ai obéi, je l'ai écouté et nous avons été libérés d'une amende qui nous serait tombée dessus si nous n'avions pas pu payer; sauf que payer comme ça c'est vraiment étonnant. Mon Rabbi, c'est vraiment le Fils du Dieu Vivant.

MARC

Guérisons dans la synagogue de Capharnaüm: Mc 1, 21-28, Mc 3, 1-6.

C'est le début de l'évangile de Marc; et le premier acte public que pose Jésus se passe dans la synagogue de Capharnaüm. S'il y a, comme ce qu'on trouve dans les Actes des Apôtres, un "chef" de la synagogue, comment ce dernier a-t-il pu réagir au "bazar", pour employer une expression du pape François, que cet homme venait mettre dans cet univers quand même bien ritualisé, bien organisé... Voir un homme tomber sur le sol, trembler de tous ses membres et se remettre sur ses pieds comme si rien ne s'était passé a quand même de quoi surprendre. Et guérir un homme le jour du sabbat (Mc 3, 1-6), n'est-ce pas contrevenir au "repos" demandé par Dieu? Alors ce billet essaye de montrer ce qui a pu se passer dans la tête et dans le cœur de celui qui est le "chef" de cette synagogue.

Le chef de la synagogue de Capharnaüm parle:

"Cela fait plusieurs fois qu'il vient dans ma synagogue, et quand il vient, maintenant, il y a des scribes et des pharisiens qui viennent de Jérusalem pour "voir": pour "contrôler si ce qu'il dit et fait est bien conforme à la Tora"; et qui en sont pour leurs frais, parce que manifestement ce Jésus, guérir ou même chasser un démon le jour du "repos" ça ne le gêne pas du tout. J'ai l'impression qu'un jour ils vont comptabiliser tout cela et le déclarer blasphémateur et le lapider. Mais cet

homme m'étonne, m'inquiète, me fait un peu peur; et en même temps je l'admire.

La première fois, c'était un samedi comme tous les samedis. L'office se déroulait normalement, et tout d'un coup le brave Joseph, celui qui se prend parfois pour Moïse, mais cela ne gêne personne parce que jusqu'à maintenant il ne s'est pas enflammé de colère contre qui que ce soit, s'est mis à crier et à invectiver Jésus et lui disant qu'il savait qui il était; et là il a affirmé que ce Jésus de Nazareth était le Saint de Dieu, et qu'il ne voulait plus être persécuté par lui.
Je dois dire que je n'ai pas compris comment il pouvait imaginer que Jésus était l'envoyé de Dieu; je sais bien que depuis la mort de Jean le Baptiste, ce Jésus dit que le royaume de Dieu est tout proche et qu'il est l'envoyé, mais bon, même s'il guérit, moi j'attends qu'il fasse des signes qui ne trompent pas.
Jésus alors a haussé le ton, et a dit à l'esprit mauvais de se taire et de sortir de notre brave ami. Et là, pourtant j'en ai vu des choses, mais là! J'ai vu Joseph tomber sur le sol, se mettre à trembler et hurler, puis se relever comme si de rien n'était. Alors on s'est tous regardés, et on a commencé à se demander qui était ce Jésus qui commandait aux esprits démoniaques. On s'est même dit qu'il valait mieux l'avoir comme ami que comme ennemi. Et après notre Joseph a été transformé, il a même suivi Jésus, comme beaucoup d'hommes de notre petite ville. Mais ce dialogue entre Jésus qui criait sur Joseph, et cet esprit qui hurlait aussi, c'était vraiment effrayant.

La deuxième fois, il y avait parmi nous le brave Isaac. Isaac aime bien boire, il aime bien manger, mais un peu trop. Alors un jour on l'a retrouvé par terre, avec une partie du corps paralysée. Il s'en est bien sorti finalement parce qu'il marche, et que seule sa main droite ne fonctionne plus.

Cette main, elle lui fait horreur, elle est toute recroquevillée et il la cache. Je ne sais pas comment Jésus a remarqué qu'il la cachait, sa main. Alors il l'a appelé, lui a demandé de se mettre debout devant tout le monde. Je n'aurais pas aimé être à la place d'Isaac.

Jésus ne s'est pas adressé à lui, mais à ceux qui étaient venus de Jérusalem, en leur demandant, à eux qui sont des docteurs de la loi, s'il était permis ou non de faire du bien le jour du Sabbat. Ils ne lui ont pas répondu. Pourtant ils auraient dû.. Alors Jésus lui a dit d'étendre sa main. Moi je pensais à notre père Moïse, qui avait étendu sa main sur les eaux de la mer, et à notre libération; et Isaac a été libéré, sa main lui a été rendue, il pouvait à nouveau la plier, la déplier. J'étais heureux pour lui, mais je pense que Jésus va se mettre tout le monde à dos, et que ça va mal se terminer, même s'il est le nouveau Jean Baptiste.

Je sais aussi qu'il a redonné vie à la fille d'un de mes frères, Jaïre; que cet homme soit capable d'être comme le prophète Elie, celui dont nous attendons le retour, cela m'inquiète. Et puis on en raconte des histoires sur lui. On dit qu'il a nourri une foule de cinq mille personnes avec seulement cinq pains et deux poissons; qu'il a apaisé une tempête, qu'il a fait des guérisons en grand nombre. On dit aussi que dans une autre synagogue il a guéri une femme qui était toute courbée: et encore un jour de sabbat.

Alors je ne sais pas trop que penser de tout cela. Mais je suis bien content qu'il se dirige vers Jérusalem, parce que je me méfie un peu de lui. J'espère seulement que ceux qui ont le pouvoir sauront s'il est vraiment le Fils de Dieu, le Béni, celui qui vient pour nous sauver; ou s'il est un de ces messies qui vont et viennent dans notre pays. Au fond de moi, j'espère vraiment que ce Jésus soit celui que nous attendons; même s'il ne se comporte pas du tout comme les prophètes avant lui. Mais je crois que l'Esprit Saint est vraiment sur lui.

Guérison de la femme qui perdait son sang. Mc 5,23-34

Qui m'a touché? Mc 5,30.

Nous travaillons en petit groupe l'évangile de Marc. J'ai déjà travaillé la rencontre de Jésus avec la femme qui perdait du sang, en me mettant à la place de la femme (http://giboulee.blogspot.fr/2007/05/la-femme-qui-perdait-du-sang-mc-515-25.html), mais aujourd'hui c'est cette petite phrase de Jésus, "qui m'a touché?", qui a été comme le déclencheur du texte qui suit, qui est peut-être une paraphrase du chapitre 5 de cet évangile, mais pas seulement.

Jésus parle:

Je revenais de la Décapole et j'avais libéré un homme possédé par un grand nombre d'esprits impurs. Comme souvent, ces mauvais esprits m'avaient identifié comme étant "le Fils du Très-Haut". Ils m'avaient même appelé par mon prénom, ce que je n'aime pas. Soi-disant ils ne voulaient pas que je les tourmente. Mais eux, ils tourmentent les créatures de mon Père. J'avais mis un peu de temps à comprendre que ce n'était pas un esprit unique qui possédait cet homme, mais un grand nombre; et que ce grand nombre, je devais l'expulser pour que ce malheureux redevienne un homme, et non pas une espèce d'animal hurlant et grondant comme un loup, hantant les cimetières - ce qui montrait bien qu'il se considérait déjà comme un mort - et se tailladant comme les prêtres de Baal aux temps anciens. Cet homme était redevenu un vivant, mais comme les esprits qui habitaient en lui et que j'avais chassés s'étaient emparés d'un troupeau de porcs et l'avaient jeté dans la mer pour rejoindre les forces du mal, je me suis fait moi aussi chasser de ce pays où mon Père n'est pas reconnu.

A mon retour à Capharnaüm, on est venu me demander de guérir la fille du chef de la synagogue, cette synagogue où pourtant j'avais eu des problèmes avec certains pharisiens qui m'avaient reproché de guérir un homme à la main desséchée un jour consacré au repos. Mais je pense que le chef de la synagogue, lui, est différent; et là il me suppliait. Du monde, il y en avait; je crois que tous voulaient tous voir comment j'allais m'y prendre, et si je ferais comme le prophète Elie quand il avait redonné la vie au petit garçon de la veuve qui l'avait accueilli à Sarepta; ou comme le prophète Elisée.

Comme souvent, je me suis mis en marche avec mes disciples, et j'avais beau marcher vite, il y avait beaucoup d'hommes et de femmes autour de moi. Et il s'est passé quelque chose. J'ai ressenti que quelqu'un, mais je ne savais pas qui, avait, non pas frôlé mais touché exprès mes vêtements, et qu'il s'était passé quelque chose pour cette personne. Ce que je ressentais, c'est que ce qui était comme sorti de moi, avait colmaté un trou, une béance, que quelque chose était guéri; mais je voulais comprendre ce qui s'était passé, parce que contrairement à toutes les guérisons que j'avais faites jusqu'à maintenant, je ne savais pas qui j'avais guéri, qui était cette personne qui avait en moi une telle foi.

Je me suis arrêté dans ma marche, et naturellement, ça a fait des remous; il y a eu une petite bousculade. J'ai demandé, en me retournant, qui avait touché mes vêtements. Mes disciples m'ont regardé comme si j'étais fou... Bien sûr qu'il y avait du monde, mais il s'était passé quelque chose. Et comme je ne reprenais pas ma marche et que je reposais ma question "qui a touché mes vêtements?", une femme s'est approchée; elle a dit qu'elle souffrait depuis douze ans d'une maladie que personne ne savait guérir, qui la rendait impure parce qu'elle perdait du sang, et qu'elle avait appris que j'avais guéri un lépreux; alors elle s'était dit qu'elle n'avait plus rien à perdre, et avait pensé que si elle touchait juste mon manteau, elle aussi serait guérie.

Et c'est ce qu'elle avait fait; et, comme elle l'a dit avec ses mots à elle, elle a senti que la source d'où elle perdait son sang était tarie, et qu'elle était guérie. En racontant cela elle m'a fait prendre conscience de la force qui était en moi, de cette force de vie qui était plus forte que la mort, qui en quelque sorte, de même que le bâton de Moïse pouvait arrêter le flux de la mer, était capable d'arrêter le flux du sang, le flux de la mort.

Je lui ai dit que sa foi l'avait sauvée, car cette confiance, je ne l'avais pas encore vraiment rencontrée; que sa guérison était définitive; et qu'elle soit en paix, parce que je la sentais troublée.

Cette femme, je ne l'avais pas délivrée d'un esprit mauvais, j'avais pu fermer une brèche d'où coulait du sang; non pas moi Jésus, mais la force de vie qui est présence du Père en moi, avait réalisé cela.

Et j'ai su que cette même force pourrait redonner vie à la petite fille qu'on me demandait de guérir, parce que cette petite fille de douze ans, elle ne voulait pas devenir une femme; et elle était déjà partie dans l'autre monde. C'est pour cela que je n'ai pas été surpris quand on est venu nous dire que ce n'était plus la peine d'aller chez Jaïre, parce que sa fille était morte. Moi je savais que je pourrais lui redonner la vie, la ramener en quelque sorte; fermer le couloir de la mort dans lequel elle était en train de s'enfoncer.

Quand je suis arrivé chez Jaïre, tous se moquaient de moi. Et je savais qu'un jour, quand je serais proche de la mort, d'autres se moqueraient de moi - parce que moi aussi je passerais par là. Et que le sang qui sortirait de mon corps ne serait pas un sang impur, mais un sang qui donnerait la vie. Ce n'étaient que des images, mais en prenant cette petite fille par la main et en lui disant "Petite fille lève toi", je savais que moi aussi un jour je me lèverais de la mort, et que par moi la vie serait manifestée.

J'ai demandé aux parents de lui donner à manger, et nous sommes sortis, moi et mes trois disciples Pierre, Jacques et

Jean: mes disciples qui un jour verraient ma Gloire, et qui seraient, comme aujourd'hui, à nouveau remplis de stupeur et de crainte.

LUC

La nuit de l'arrestation: Lc 22, 54-62

Pour nous tous, c'est le triple reniement de Pierre, mais on peut aussi voir les choses un peu autrement. J'ai lu il y a peu que le chant du coq entendu au petit matin est, chez les juifs, le moment où la nuit cédant au jour permet le discernement; et que ceux qui entendent ce chant demandent à leur Père de leur apprendre à discerner. Certes cela c'est aujourd'hui; mais peut-être que pour Pierre, outre la phrase que Jésus avait prononcée et qui mentionnait bien le chant du coq, ce discernement lui a permis de comprendre ce qu'il venait de vivre et de faire.

Pierre raconte:

"Ils l'ont arrêté; j'ai pourtant essayé le le défendre et même, moi qui ne sais manier que les rames de mon bateau, j'ai donné un coup d'épée dans le noir à un homme que je ne connaissais pas mais qui voulait mettre la main sur mon Maître. J'ai touché son oreille, et il s'est mis à saigner comme un bœuf; Jésus a posé la main sur lui et a arrêté le saignement; puis on l'a emmené. Qu'est ce que j'en veux à Judas, qui a indiqué l'endroit où nous aimons passer du temps avec

Jésus. Mais maintenant, ça se passe vraiment comme il nous l'avait annoncé. Il est arrêté, et, s'il ne se trompe pas, il va être battu, condamné et mis à mort. Et cela me tord le cœur.

J'ai vu qu'ils l'emmenaient dans la cour du grand-prêtre en attendant son procès, parce qu'il va y avoir un procès. J'ai suivi, parce que je veux voir, je veux savoir et je ne veux pas être loin de lui.

Il fait froid ce soir, et j'ai froid dans mon cœur. Il y a un feu et je me suis approché pour me chauffer; le feu, il est en plein milieu de la cour et il y a beaucoup de monde autour. J'espère bien passer inaperçu. C'est vrai que ma présence ici ne doit pas être très normale. Ils se connaissent tous et moi je suis un étranger.

Mais quand les flammes ont éclairé mon visage, une jeune fille qui doit être une servante a affirmé que j'étais avec Lui. Et là, ça a été plus fort que moi, j'ai dit que je ne le connaissais pas. Et tout de suite après un homme a dit la même chose; et là encore je n'ai pas pu dire que, oui, j'étais son disciple. Le temps a passé, je pensais bien que plus personne ne ferait attention à moi, sauf qu'il y en a eu un troisième qui a affirmé que j'étais un des siens. Là encore j'ai fait comme si je ne comprenais pas ce qu'il me disait. J'ai pris un air stupide, idiot…

A ce moment-là, parce que le soleil se levait, un coq a chanté… Et j'ai pensé à ce que Jésus m'avait dit, que je l'aurais renié trois fois avant que le coq ne chante. Et en même temps j'ai senti son regard qui se posait sur moi.

Alors là, c'en a été trop. Je n'en pouvais plus, j'aurais voulu disparaître; j'aurais voulu aussi sauter dans ses bras pour dire à tout le monde que cet homme là, c'est mon ami, c'est celui qui m'a choisi, c'est celui qui m'aime et qui est en train de donner sa vie pour que nous tous les humains nous soyons des amis de son Père.

J'ai quitté la cour, et moi, un homme, j'ai fait comme Marie de Magdala, celle qui avait pleuré sur les pieds de mon maître, j'ai pleuré, pleuré, pleuré et cela m'a fait du bien. C'est étonnant, mais c'est un peu comme si j'étais neuf, parce que je savais qu'il m'aimait envers et contre tout, et que ce que je venais de vivre faisait de moi un autre.

La suite, vous la connaissez comme moi; mais ce qui s'est passé cette nuit là a fait de moi un autre homme, un homme avec un vrai cœur; un homme avec un cœur de chair et non un cœur de pierre, et je crois que c'est cela ce que le Seigneur voulait pour moi, pour que je puisse affermir mes frères.

Marie raconte son vécu

Pour ce texte, j'ai utilisé essentiellement l'évangile de Luc, qui fait la part belle à la mère de Jésus, mais aussi l'évangile de Jean.

Les tableaux et les statues qui me représentent, du moins en Occident, me mettent un beau sourire sur les lèvres. C'est peut-être le sourire que j'ai maintenant quand je viens pour vous parler, pour vous demander de prier sans vous lasser. Pourtant, lorsque je vois le monde dans lequel vous êtes, les conflits, les guerres, et aussi tant d'humains réduits à l'état d'objets, alors que mon fils était venu pour que chaque être puisse être rempli de justice, de paix, de joie, j'aurais envie de pleurer.

Je pense que me voir souriante vous rassure, parce qu'une maman c'est censé rassurer, et que ce sourire veut dire aussi que je vous aime; mais je n'ai pas toujours eu envie de sourire quand j'étais sur terre, du temps de mon fils.

Si vous connaissez un peu les icônes, vous verrez que souvent, quand je regarde mon fils, mon petit garçon, il y a de l'inquiétude dans mon regard. Il y a de l'inquiétude, parce que même si je sais qu'il est le Fils du Dieu qui a créé le ciel et la terre, même si je sais qu'il est rempli d'Esprit Saint, même si je sais tout cela, il est le fruit de mes entrailles; je sais aussi qu'un glaive de douleur transpercera mon cœur, et que ce fils tant aimé me sera enlevé. Et perdre son fils, c'est la pire des choses qui puisse arriver à une mère...

Il y a aussi des icônes qui me représentent avec des larmes qui coulent de mes yeux; parfois même des larmes de sang, comme le sang qui a coulé du corps de mon garçon quand il était dans ce jardin, juste avant d'être arrêté.

Est ce que vous avez déjà pu imaginer que, juste après avoir célébré la Pâque avec ses amis, il est parti dans ce jardin en sachant ce qui allait arriver; mais en ne sachant pas quand cela allait arriver. C'est aussi pour cela qu'il avait tant besoin que ses disciples ne dorment pas, qu'ils fassent un peu rem-

part entre lui et ce qui allait arriver. Il savait qu'il allait être traité comme un malfaiteur, un bandit, qu'il serait condamné au supplice de la croix; mais il ne pouvait qu'attendre. Et moi, je n'étais pas là... J'aurais tellement aimé pouvoir juste être là, sans rien dire, mais être là. Cette nuit là, elle est aussi inscrite en lettres de sang en moi.

Ce n'est qu'après que j'ai su ce qui s'était passé. Imaginez un résistant qui sait qu'il va être arrêté, que tout est en marche, mais qui ne sait pas quand "ça" va frapper à la porte (ou que la porte va être enfoncée); imaginez son angoisse. Bien sûr mon Fils a choisi, mais on peut dire qu'à la fois il maîtrise et il ne maîtrise pas. Bien sûr il avait dit qu'il est venu pour jeter un feu sur la terre, qu'il voulait que ce feu soit déjà allumé, et qu'il devait être baptisé d'un baptême. Et que son angoisse était grande, parce que qui dit baptême dit bien être "plongé dans", et moi j'ai toujours su que ce baptême, ce serait un baptême dans le sang.

Ensuite ce sont les compagnons de mon fils qui sont venus me prévenir: que les choses ne se passaient pas du tout comme ils l'avaient pensé, que Judas l'avait livré. Qu'il était entre les mains de Pilate, ça je l'ai vu de mes yeux.

Quand vous pensez à cela, vous parlez de mystères douloureux. Mais pourquoi mystère? Que peut-il y avoir de pire pour une mère que de voir le corps de son fils déchiré par le fouet, plein de sang qui coule, le visage bleui par des coups, le nez cassé, le front percé par ces épines que vous souhaiteriez enlever à mains nues, les mouches qui sont là, la foule qui regarde, les soldats qui veulent bien, parce que je suis la mère, me laisser approcher; et ne pas m'effondrer. Attendre et supplier au fond de moi que ça aille vite. Et vous ne pouvez rien faire.

Jamais on ne me voit pleurer, et pourtant! Oui même si on ne le dit pas, j'ai crié ma douleur, j'ai crié vers Dieu qui prenait mon (son) fils. Et mon fils n'est pas descendu de sa croix, il est mort, mort mort. Et moi, j'étais la mère du condamné dont le corps devait être mis dans une fosse commune; même son corps allait m'être pris.

Heureusement que Joseph d'Arimathie est venu le réclamer, ce corps, ce corps rompu comme le pain qu'il avait donné à ses disciples; ce corps vidé de son sang, de ce sang qui contrairement au sang d'Abel ne criait pas vengeance. Il y a de splendides sculptures qui me représentent avec mon fils sur les genoux. Mais ce sont des sculptures. Elles sont là pour vous. En fait je n'étais pas là, il fallait que je me cache, parce que les soldats pouvaient très bien s'en prendre aussi à moi. Avec les Romains, on ne sait jamais.

Depuis toujours, la peur de le perdre avait été là. Vous, aujourd'hui vous parlez de "mystères joyeux", mais peut-être pas...

Quand on est une jeune fille de 14 ans, quand on entend une petite voix qui vous parle avec respect et qui vous demande si vous acceptez, parce que vous avez été choisie pour cela, d'être la mère de celui qui sera le Messie, est ce que vous ne pensez pas que le oui prononcé est aussi rempli de crainte? Parce que nous vivions dans un monde occupé, un monde où les Romains étaient les maîtres, où des messies s'étaient déjà levés et avaient été tués; et parce qu'être la servante du Sei-

gneur, même si comme on le raconte j'ai été préparée à cela en passant mon enfance - comme jadis Samuel - dans le Temple, je sais ce que ce n'est pas facile. Je connais l'histoire de mon peuple, je connais l'histoire des prophètes; et être élu, ce n'est pas simple, ce n'est pas facile. Alors oui, être la mère de Dieu, se dire qu'on est l'arche qui contient le Tout puissant, c'est exaltant, mais...

Mais il fallait en parler à Joseph, celui qui m'a été destiné, mon "promis"; et oser demander à Dieu qu'il ouvre le cœur de cet homme, pour qu'il ne me répudie pas. Oui, Joseph a eu un songe; je peux dire que le Seigneur a répondu à ma prière, mais dans ma prière il y avait déjà des larmes. Quand Joseph m'a dit que le nom de ce bébé, qui ne serait pas le sien, serait Jésus, j'ai repris aussi courage, parce que ce prénom, la petite voix qui avait parlé en moi l'avait déjà indiqué. Et là j'ai rendu grâce. Mais "Dieu Sauve", qu'est ce que cela veut dire?

Et puis il y a eu la naissance. Pour vous, c'est Dieu qui prend chair, qui s'incarne, mais moi c'était mon premier: personne pour m'aider, parce que - péché originel ou pas péché originel - un bébé il faut bien qu'il passe, qu'il sorte; et en cela j'ai été comme toutes les femmes. Heureusement qu'auparavant la petite voix en moi m'avait aussi annoncé que ma cousine Elisabeth, ma cousine "la stérile", allait avoir un enfant, et que j'avais été là lors de la naissance; parce que cela m'a permis de savoir que faire. Curieusement la naissance de Jésus a été très différente de celle de son cousin Jean. Il n'y a eu que très peu de sang, la naissance a été rapide; et il m'a semblé qu'à la fin de cette naissance quelque chose se remettait en place dans mon dedans: comme si une porte s'était ouverte pour permettre la naissance, et se refermait. Mais était-ce une impression ?

Et puis il y a eu cette menace du roi Hérode, et il a fallu fuir loin de tout; attendre, attendre pour revenir à la maison. J'ai dû me montrer forte pour que mon bébé ne se rende compte de rien; mais partir comme cela, être exilés, c'est affreux. Je me suis dit que peut-être le Seigneur voulait que son fils comprenne dans son corps ce que cela fait de partir en exil, parce que comme cela il comprendrait mieux plus tard ce qu'avaient vécu les Hébreux.

Vous le savez, Luc, avec qui j'ai beaucoup parlé, raconte ce qui s'est passé dans le Temple quand nous sommes allés présenter notre bébé et offrir ce qu'il fallait pour "son rachat". Je dois dire que c'est quand même un peu fou: c'est lui qui s'est donné en rachat pour que tous les hommes puissent avoir en eux l'amour du Tout Puissant, et il a fallu le racheter Lui ! Il y a eu cet homme âgé, qui a pris mon tout petit dans ses bras, et j'ai vu qu'il y avait entre eux deux un échange de regards, comme si le tout petit communiquait avec le tout ancien. Et ce que l'ancien m'a dit, c'est comme si mon tout petit me le disait par avance: qu'un glaive de douleur transpercerait mon cœur, parce que mon fils ne serait pas accepté, qu'il serait rejeté et que pour que le dessein de Dieu se réalise, il fallait qu'il y ait de la mort.

Il y a eu aussi cette première montée au Temple. Vous appelez cela "Perdu et retrouvé", et souvent vous vous dites que si ça avait été votre fils vous auriez été très en colère. Moi, j'étais surtout très angoissée: trois jours pour le retrouver, trois jours où je me demandais s'il n'avait pas été enlevé, parce que les brigands ça existe. Finalement, le retrouver dans le Temple ça a été un soulagement. Je savais bien que sa vraie maison, c'était là où on parlait et où on priait son Père; je ne savais pas si j'avais envie de rire ou de pleurer. Mais en moi, ça me disait que cette première fois serait suivie de beaucoup d'autres.

Et des beaucoup d'autres, il y en a eu. Vous, vous considérez que c'est normal, que c'est comme cela que la bonne nouvelle devait être annoncée; Oui, d'un côté j'étais heureuse parce qu'il guérissait les malades, il chassait les esprits mauvais, il montrait que le Royaume était là: était en train de se construire. Et il y avait autour de lui des hommes sûrs, comme ce brave Simon qui était pêcheur à Capharnaüm, mais il y en avait d'autres comme ce Judas qui ne me plaisaient pas. Et au fond de moi, malgré tout, malgré ma confiance, il y avait une crainte, crainte qu'il ne soit trahi, crainte qu'il finisse comme ces messies qui ont été mis à mort au cours de ces dernières années.

Alors oui, il y a mon sourire, mais derrière mon sourire, si vous regardez bien, il y a un autre regard, un regard qui est aussi un regard de souffrance, un regard qui ne juge pas, un regard qui contient peut-être toute la tristesse du monde. Et c'est bien parce que cette souffrance, cette tristesse, je l'ai vécue, que je suis aujourd'hui votre mère à tous. N'oubliez pas que derrière ce sourire que vous mettez sur mes lèvres il y a mon regard, un regard qui comprend vos souffrances, vos douleurs, parce que les ai vécues, malgré les grâces qui m'ont été données.
On m'appelle souvent la nouvelle Eve; mais Eve, d'après ce que disent nos livres, était dans un jardin d'où le mal était

absent. Alors que moi j'ai toujours vécu dans un monde dans lequel le mal était là; et voulait empêcher la Lumière qu'est mon Fils de luire, et de réveiller le monde.

TEXTES de 2017 (Juin-décembre).

MATTHIEU

La guérison de la fille de la femme syro-phénicienne (cananéenne) Mt 15, 21-28.

J'ai lu et relu cet évangile ce matin et je le trouve difficile. J'ai trouvé intéressant que cet épisode soit en quelque sorte encadré par les deux multiplications des pains, avec la mention des restes, restes qui renvoient à l'abondance. Dans cet épisode il est bien question de pain, de ce pain qui ne doit pas être donné aux petits chiens, alors que ce pain, ce pain qui dans l'évangile de Jean donne la vie éternelle, est quand même le pain de l'amour. Et cette femme est d'abord une mère qui aime. Ce doit être difficile d'aller supplier quelqu'un qui est dans un premier temps comme absent, qui est entouré d'hommes qui font comme une muraille de protection, et finalement de s'abaisser. Mais que ne ferait pas une mère?

J'ai eu aussi l'impression que Jésus en quelque sorte, dans ce récit, se justifie par rapport aux disciples : il est la bonne nouvelle pour le peuple « Israël ». Et ce sera à Israël de porter ensuite la nouvelle aux nations, mais pas dans l'immédiat. Pourtant dans la relation qui se crée quand même entre la maman et Jésus, quelque chose change, je dirais presque explose, parce que Jésus, en guérissant, passe déjà à l'universel. Il élargit son domaine: il ne se cantonne plus à la terre d'Israël, mais va vers le monde. Alors la femme n'est plus la cananéenne, l'étrangère, mais une femme en souffrance, une femme qui reconnaît en cet homme, qui semble si lointain, celui qui peut se faire le tout proche et changer la vie de sa fille.

La femme syro-phénicienne raconte:

Ma petite fille est malade, je ne sais pas quoi faire ; elle est brûlante, elle a de la fièvre, elle marmonne des choses que je ne comprends pas, je n'arrive pas à la faire boire ; je l'ai baignée dans une eau tiède, mais ça n'a rien changé. Elle ne me reconnaît pas, elle me repousse, je ne sais que faire. C'est surement un démon qui est entré en elle, les démons ils aiment les petits enfants, il veut me la prendre parce qu'elle est trop belle, ma petite fille chérie, la prunelle de mes yeux, le trésor de ma vie.

Une de mes voisines, celle qui est venue pour m'aider à baigner ma petite fille, m'a dit qu'il y avait un prophète de Galilée qui était là, que ce prophète avait guéri il y a quelques jours beaucoup de malades et qu'il avait même donné à manger à tous ceux qui étaient là. J'ai du mal à croire cela, mais après tout le prophète Elie, quand il est venu chez nous, il y a si longtemps, il a bien donné de l'huile et de la farine à la femme qui l'avait reçu. Alors pourquoi est ce qu'il ne m'écouterait pas?

J'ai laissé ma petite fille à la maison; j'aurais voulu la prendre dans mes bras, mais elle est trop malade. Et je suis allé trouver le Maître; il s'appelle Jésus, m'a-t-on dit. Et là je me suis mise à implorer, à implorer, à crier... Lui, il semblait ailleurs, il ne me regardait pas, il ne m'écoutait pas. Et pourtant je criais, je criais tellement fort que ses disciples lui ont demandé de faire quelque chose.

Il leur a répondu qu'il n'avait été envoyé qu'aux brebis perdues de la maison d'Israël. Si je comprends bien, ça veut dire que nous, nous qui ne respectons pas la Loi donnée par Moïse, nous sommes exclus; peut-être comme une punition parce qu'autrefois nous avons combattu ce peuple qui venait nous envahir. Mais moi, je n'étais pas née, pourquoi je serais maudite à cause de mes ancêtres ? Cette phrase affreuse, elle n'était pas pour moi, elle était pour ceux qui l'entouraient, pour leur dire que de moi il n'avait rien à faire, parce que je ne me convertirais pas. Mais qu'est-ce qu'il en sait ? Il y a des juifs aussi ici, et pourquoi n'irai-je pas les trouver et reconnaître que leur Dieu est le vrai Dieu ?

Et puis, c'est étonnant, mais il y a eu comme un "couloir" entre lui et moi, comme si ses disciples cessaient de faire un mur autour de lui, et qu'il y avait comme une brèche qui s'ouvrait; j'ai pu l'approcher et me prosterner devant lui; et lui demander de venir à mon secours, moi qui suis en train de perdre ma fille. Il m'a regardée et il a eu une phrase bizarre, comme s'il devait se justifier de ne pas me répondre. Il m'a dit « Ce n'est pas bien de prendre le pain des enfants pour le donner aux chiens »; comme si lui n'avait pas le droit de faire du bien à ceux qui ne sont pas de sa famille. Et là, j'ai su ce que je devais lui dire, lui montrer que je comprenais sa réti-

cence, mais que je quémandais quand même, et que cela ne volerait rien aux autres. Je lui ai dit que les petits chiens se contentent des miettes qui tombent, qu'ils se contentent des restes, qu'ils ne privent personne.

Et là, j'ai eu l'impression que quelque chose se déchirait en lui, qu'il n'était plus aussi sûr de lui, et que brusquement je devenais enfin ce que j'étais, pas une étrangère, mais une mère éplorée. Il m'a regardée, vraiment regardée et m'a dit que ma foi était grande et que tout allait se faire comme je le souhaitais.

Mais plus que les paroles, les paroles que j'attendais (même si j'aurais bien aimé qu'il me suive et impose les mains à ma fille) « que tout se fasse comme tu le veux », il y a eu ce regard, où je suis devenue quelqu'un pour lui; quelqu'un qui avait un visage.

Je suis rentrée chez moi, ma petite fille était guérie.

J'ai appris ensuite qu'il était rentré dans son pays, qu'il avait fait des guérisons à la pelle et qu'il avait à nouveau multiplié les pains. Alors moi je dis que ce pain, il est aussi pour nous, nous qui sommes peut-être loin, mais pas si loin que cela de lui; nous qui espérons en la venue de quelqu'un qui nous conduira vers Dieu.

Le poisson attrapé pour payer l'impôt au Temple, Mt 17, 24-27

Pas facile d'être disciple...

En lisant et en essayant de "vivre" un peu l'évangile de ce jour, je me suis dit que pour Pierre, le pêcheur propriétaire d'une barque, ça n'avait pas dû être si facile que cela d'aller attraper un poisson avec un fil et un hameçon. Je suis allée relire ce qui se passait avant cet épisode et après, et cela a pris la forme que voici, cette forme en "je" que j'aime. C'est donc Pierre qui raconte...

Pierre parle

La première fois que Jésus nous avait dit que ça allait mal se finir pour lui, j'étais allé le voir en lui disant que je ne pouvais entendre une pareille chose, que c'était impossible, que je ferais tout ce que je pourrais pour que ça n'arrive pas ; et il m'avait volé dans les plumes, avec une phrase qui m'avait presque fait pleurer, moi le « dur »; il m'avait dit: « Passe derrière moi Satan ». Je n'avais pas compris, et je ne comprends toujours pas, sauf que rien ni personne ne pourra l'arrêter.

Il y a quelques jours, il nous a pris avec lui, moi, Jacques et Jean, et nous avons assisté à quelque chose d'extraordinaire. Il est devenu tout autre devant nous, il a parlé avec Elie et avec Moïse, et le temps que je dise quelque chose d'un peu stupide, je le reconnais - mais j'aurais tellement voulu que ce moment soit un moment d'éternité, tout était redevenu normal. Il nous a juste dit de n'en parler à personne.

Ensuite il a guéri un enfant épileptique et nous a expliqué que si nous n'arrivions pas à guérir les malades, c'était parce que notre foi était trop petite. Mais parfois j'ai l'impression qu'Il ne se rend pas compte que ce n'est pas si simple. Un enfant possédé, ça fait peur; c'est un peu comme la fois où nous étions pris dans une tempête et où j'ai essayé de marcher sur les vagues, j'ai eu peur et pourtant il était là.

Et là, comme nous étions revenus à Capharnaüm, j'ai été abordé, non pas par les publicains qui réclament toujours leurs foutus impôts, mais par ceux de Jérusalem, qui demandent tous les ans de l'argent pour maintenir le temple en bon état. Ils n'y vont pas avec le dos de la cuillère, deux drachmes par personne. Je pensais que Jésus allait dire à Judas de s'en occuper, mais il s'est adressé à moi, puisque c'était à moi qu'on avait réclamé cette somme.

Il ne m'a pas demandé si je trouvais normal de payer cette somme, mais il a m'a fait comprendre que lui, en tant que Fils de Dieu, le Temple était sa demeure, et qu'il n'avait pas à payer pour les pierres; et que moi, en tant que son disciple, c'était pareil, mais que nous devions quand même obéir à la loi. Et c'est là que j'ai eu vraiment du mal avec lui, parce que ce qu'il m'a demandé de faire, cela me paraissait complètement fou. Je sais bien qu'il nous a déjà fait pêcher du poisson alors que nous n'avions rien pris de la nuit, mais là...

Moi, je suis un artisan pêcheur, j'ai une barque, je pêche au filet. Et voilà qu'il me demande de prendre un hameçon, comme si j'en avais un sur moi, et d'aller attraper un poisson. Vous vous rendez compte ? J'ai dû me procurer un hameçon, un appât, parce qu'un poisson surtout en plein jour ça ne « mord » pas comme ça, du fil de pêche et attendre que ça morde. Je dois dire qu'avec ma petite ligne et mon hameçon, je ne savais pas très bien où me mettre, ni ce que les autres allaient penser de moi.

Mais je l'ai fait et j'ai bien attrapé un poisson qui avait bouffé - je ne sais par quel miracle, parce qu'une pièce de 4 drachmes ce n'est pas une petite pièce - la pièce nécessaire pour payer la somme qui nous était demandée.

Alors quand je vous dis, qu'être disciple ce n'est pas facile du tout avec ce Maître là, est-ce que vous allez me croire? Il fallait vraiment que j'aie foi en lui pour me mettre à pêcher, comme un gamin, devant tout le monde, puis que j'ouvre la bouche du poisson, parce que avoir attrapé un poisson c'était pas mal, mais Jésus avait parlé d'une pièce, et il fallait donc ouvrir sa bouche devant tout le monde, trouver la pièce - et là reconnaître qu'une fois de plus il avait raison - et la porter ensuite à ceux qui réclamaient leur dû; et attendre qu'ils notent que la somme avait bien été payée pour nous deux.

En même temps, me dire qu'il payait pour moi et pour lui, cela me remplissait de joie, parce qu'il me montrait à quel point je comptais pour lui.

Un jour il nous avait parlé du poisson qui avait avalé Jonas et l'avait recraché sur le rivage au bout de trois jours. Je me demande s'Il n'a pas voulu me faire comprendre quelque chose avec ce poisson qui finalement paie pour nous, qui a donné sa vie pour nous. Peut-être que je comprendrai plus tard.

La rencontre de Jésus et du jeune homme "riche". Mt 19, 16-22

"Tout cela je l'ai observé, que me manque-t-il encore? "

En lisant ce verset 20, je repensais aux enfants qui doivent subir une intervention chirurgicale lourde et qui posent à leur chirurgien la question attendue par ce dernier qui ne sait pas comment annoncer une pareille horreur, par exemple : « Est ce que tu vas me couper la jambe » ? Question à laquelle le chirurgien répond par l'affirmative et pense que l'enfant « savait ce qui allait lui arriver ». Or ces enfants m'ont appris que certes ils posent cette question, mais ils s'attendent à entendre: "Non je ne vais pas couper ta jambe". J'ai même connu une jeune fille qui pensait que sa jambe coupée allait être soignée et qu'elle serait "recollée" par la suite.

Alors en entendant cette question, je me disais que peut-être ce jeune homme "riche" s'attend finalement à une " bonne note", à ce que Jésus lui dise que c'est bien, et qu'il aura bien en héritage cette vie éternelle dont il rêve et dont il est question.

La vie éternelle dans l'au-delà, cela veut dire être vivant auprès de Dieu après la mort, être comme exempté de la punition liée au péché à savoir la mort, être un juste. Et dans les trois récits qui rapportent cette rencontre, il semble bien que le personnage (jeune homme riche, homme ou notable) dont il est question a envie de s'entendre dire qu'il est quelqu'un de bien, et ce d'autant plus qu'à cette époque, la richesse peut être entendue comme une récompense accordée à celui qui pratique la religion de ses pères. Être riche quand on est jeune, c'est bien le signe que l'on est béni de Dieu et donc que l'on suit scrupuleusement la Torah.

Or Jésus lui demande autre chose : de se déprendre de ses richesses, de son statut, et de se mettre à sa suite. Si on fait un lien avec l'évangile de Jean, la vie éternelle c'est de croire que Jésus est l'envoyé de Dieu, qu'il est le Fils du Dieu Vivant et qu'Il donne la Vie. A l'appui de cela, je reprends les versets johanniques qui font le lien entre la foi en Jésus et la vie éternelle : "Celui qui croit au Fils a la vie éternelle" (Jn 3, 36); "Qui écoute ma parole et croit en celui qui m'a envoyé a déjà la vie éternelle " (Jn 5,24); " Quiconque voit le Fils et croit en lui a la vie éternelle et sera ressuscité au dernier jour" (Jn 6,40); et enfin "La vie éternelle c'est qu'ils te connaissent, toi le seul véritable Dieu et celui que tu as envoyé, Jésus Christ" (Jn 17, 3).

Ce qui lui est demandé, finalement, ce n'est plus de considérer Jésus comme un Rabbi parmi d'autres, mais de reconnaître que cet homme est la perle rare, le trésor caché dans le champ, et que pour l'acquérir il faut bien vendre tout ce que l'on possède.

Que le jeune homme ne puisse s'y résoudre, alors qu'il est pris par la gestion de ses biens, cela se conçoit. Mais il est passé à côté de quelque chose, et il s'en rend compte.
Voilà comment lui raconte, ou racontera quand il aura décidé de "suivre" malgré tout.

Le jeune homme qui avait de grands biens raconte sa rencontre:

J'avais entendu parler de Jésus, ce rabbi qui parle si bien et qui a à peu près mon âge. Il y a une question qui me taraude : qu'est ce que je dois faire pour avoir la vie éternelle. Je sais bien que je vais perdre la vie un jour, et j'espère que ce sera le plus tard possible, j'espère fonder une famille, avoir des enfants, transmettre mes richesses, m'occuper de mes parents, mais au fond de moi, cela ne me satisfait pas. Tout le monde me regarde comme un « béni » parce que je fais partie des riches et que l'écriture fait comprendre que notre Dieu, béni soit-il, n'accorde pas la réussite à ceux qui se détournent de lui; mais que se passera-t-il après ? Car la vie éternelle, je veux l'avoir en héritage. Mais comment faire?

Alors, comme il n'était pas très loin de la route qui conduit à Jérusalem, je me suis dépêché avant qu'il ne se soit éloigné. Mais quelle drôle d'idée d'aller à Jérusalem, lui qui a tellement de mal avec les scribes et les pharisiens.

Quand je l'ai vu, j'ai foncé sur lui, je ne voulais pas qu'il parte. Je me suis incliné et je lui ai posé cette question concernant la vie éternelle; mais les mots ne sont pas sortis comme je le voulais. J'ai demandé ce que je devais faire de bon pour avoir la vie éternelle. A quoi il m'a répondu que Dieu seul est bon. Cela je le sais bien, puisque tout ce que mon Dieu a créé était, et est, bon. Mais moi, je ne suis que poussière, et j'ai peur que la mort ne soit la fin pour moi. Qu'y a-t-il après ? Il a ajouté que je devais observer les commandements, donnés par notre Dieu à Moïse. Mais les commandements et les préceptes, cela rend un peu fou, et moi qui suis scrupuleux, je ne sais parfois plus ce que Dieu veut ou ne veut pas, alors je lui ai demandé lesquels je devais mettre en pratique.

Il a cité les cinq commandements qui figurent sur les tables de la loi données à notre Père Moïse, et il a ajouté: tu aimeras ton prochain comme toi même. Cela m'a rassuré, parce que ces commandements là, l'un dans l'autre, j'y arrive. Alors je me suis dit en moi-même : « Oui, tout cela tu l'observes, alors ne t'en fais pas trop, la vie éternelle sera pour toi ». J'aurais dû en rester là, mais j'avais trop envie qu'il me rassure, qu'il me dise que j'étais « un bon juif, un juste », et au lieu de le remercier de m'avoir répondu je lui ai demandé s'il me manquait quelque chose. Je pensais bien qu'il dirait non. Mais ...

Mais il m'a dit que si je voulais être parfait (mais est-ce-que c'est possible d'être parfait, à nous qui comme le dit notre roi David sommes pécheurs dès avant notre naissance?), je devais vendre tous mes biens, les donner aux pauvres, que cela me ferait comme un trésor dans les cieux; et ensuite que je devais (ou pourrais) le suivre.

Oh là là... J'ai eu l'impression que tout s'effondrait. Je ne peux pas tout arrêter comme ça, j'ai trop de responsabilités.

Il me demande vraiment l'impossible. Et moi qui étais si heureux de l'avoir rencontré, je m'en suis retourné chez moi tout triste.

Et puis une idée m'est venue. Je me suis dit que peut-être je pouvais prendre un intendant qui pourrait s'occuper de mes affaires; et moi je pourrais suivre cet homme. C'est peut-être une demi-mesure, mais cet homme et son regard, je ne veux pas les perdre. Je pense que j'ai découvert un trésor, et ce trésor je le veux.

Je crois qu'Il a raconté une petite histoire qui parle d'un négociant en perles fines qui en trouve une qui surpasse toutes les autres, et qui vend tout pour avoir cette perle unique. Cette perle, je l'ai trouvée, et je la désire. Et je passerais bien ma vie, et ma vie future, à la contempler; et je suis prêt à tout donner pour l'avoir, cette perle unique.

LUC

La femme courbée. Luc 10,13-17

Ayant travaillé en chirurgie infantile, j'en ai vu des bosses, des dos courbés. Une scoliose non traitée, à un moment donné cela provoque une bosse, et la bosse ça se voit. Et je peux bien imaginer que cette bosse, on pouvait la comprendre comme la mainmise du mauvais sur quelqu'un, comme une sorte de sac qui est rempli de mauvaises choses, donc comme un sac de mal et de péché. C'est peut-être pour cela que Jésus parle de cette femme qui est liée depuis dix huit ans. Car, comme je l'ai dit, une scoliose peut prendre du temps pour se développer; parfois elle peut apparaître tard dans la vie, et on peut compter les années, ce que fait Jésus. Il y avait un avant, où elle pensait être droite, et un après où "le poids de la bosse/du mal" la tient sous son emprise et la plie, la courbe. Vivre ainsi sous le regard des autres est plus que difficile, d'autant que des difficultés respiratoires et digestives accompagnent cela. J'ai donc essayé de laisser parler cette femme porteuse d'une infirmité très grave.

La femme "courbée" raconte

Je suis allée, comme tous les samedis, à la synagogue, participer à la prière. Heureusement que je n'habite pas à Jérusalem parce que même le parvis des femmes me serait fermé parce que je suis toute voûtée, parce que j'ai cette bosse sur le dos qui m'oblige à marcher courbée, et qui ne me permet pas de me redresser. J'ai tout le temps mal, je dois tout le temps trouver une posture où mon corps est moins douloureux. Souvent les gens se moquent de moi, surtout les enfants, et en plus ils racontent que si je suis comme cela, c'est parce que le diable est en moi, que j'ai fait un péché, que je suis non pas une créature de Dieu, mais du diable. Et ça fait 18 ans que c'est comme ça. Ça m'a volé toute ma vie, et depuis toujours même petite il y avait quelque chose qui faisait que ma mère me disait tout le temps "tiens toi droite", sauf que je n'y arrivais pas.

On parle d'un rabbi qui a guéri un aveugle-né, et qui a dit que son infirmité n'était pas liée à son péché ou à celui de ses parents. Moi j'aimerais bien le rencontrer celui-là, parce que ces sous-entendus permanents, sur le fait que je l'ai cherché, que c'est de ma faute, que je porte le poids de mon péché; c'est insupportable.

Peut-être que mes parents ont péché, tous nous sommes des pécheurs, mais pourquoi moi ? Pourquoi est-ce que depuis plus de 18 ans je ne puis me redresser ? Pourquoi, alors que je suis encore jeune, je ne puis que regarder le sol, mes pieds, la poussière, et avoir mal ?

Souvent, dans notre synagogue, le chef laisse la parole à des des invités. Là c'était Jésus, celui qui est né à Nazareth et qui a des paroles assez étonnantes d'après ce que l'on dit. Il habite chez Pierre le pêcheur, qui a tout quitté pour être un peu son alter ego. C'est bizarre quand même de tout quitter.

Alors il y avait pas mal de monde, et moi pour m'installer avec mon dos tout cassé, tout courbé, ça n'a pas été une mince affaire. Mais avant que je n'aie eu le temps de m'asseoir, avant même que la prière n'ait commencé, j'ai entendu une voix masculine qui me disait que j'étais délivrée de mon infirmité; et en même temps, il me prenait par la main et m'aidait à me remettre droite. Quand je dis qu'il m'aidait, ce n'est pas tout à fait vrai, parce que je me suis remise droite toute seule, et de moi a jailli comme un chant de louange envers Dieu qui par cet homme m'avait guérie. Enfin pouvoir regarder les autres, enfin pouvoir regarder le ciel, enfin pouvoir être comme tout le monde. Je crois que pour cet homme, j'aurais fait n'importe quoi. Il m'a guérie, il m'a redressée.

C'est là aussi que j'ai compris que celui qui avait guéri l'aveugle à Jérusalem, c'était le même qui me guérissait moi, et qu'il ne me jugeait pas, lui. Et cela a été peut-être le plus important.

Seulement ensuite, le chef de la synagogue s'est adressé à moi, moi qui étais dans la joie, et il a un peu cassé ce qui était dans mon corps et dans mon cœur, il m'a reproché d'être venue à la synagogue juste pour me faire guérir. Mais je n'étais pas venue pour ça, j'étais venue pour prier comme tous les samedis. Je savais bien qu'il y avait un guérisseur en ville mais comment le trouver?

Alors là Jésus a pris ma défense, parce qu'en fait, c'est après lui que le chef en avait. Il avait fait un miracle, parce que c'en était un, un jour où l'on doit rien faire, le jour où tout s'arrête pour que l'on puisse se tourner vers Dieu. Mais comment aurait-il pu me guérir s'il n'était pas rempli de l'Esprit de Dieu ?

Toujours est-il que Jésus leur a rappelé qu'eux tous travaillent quand même le jour du sabbat, ne serait-ce que pour détacher leur âne et le mener boire. Et pour moi, il leur a affirmé qu'il m'avait détaché du lien qui existait entre Satan et moi, et que c'était le moment de le faire.

Je n'ai pas apprécié qu'il dise que mon infirmité était en lien avec le mal, comme si j'en étais responsable, comme si ma maladie était la conséquence de quelque chose que j'aurais commis, mais après tout, maintenant qu'il a restauré mon corps, peut-être que mes yeux vont s'ouvrir et que je comprendrais ce qui s'est passé il y a 18 ans, ou même avant. Mais ce qui est certain, c'est que grâce à lui je suis redevenue une femme et je lui en rends grâce: grâce à lui qui a pris ma défense, mais surtout grâce à Dieu qui a donné à une homme un tel pouvoir.

Rencontre sur la route entre Jérusalem et Emmaüs Lc 24, 13-33

« Notre cœur n'était-il pas tout brûlant au dedans de nous quand il nous parlait en chemin, et nous expliquait les écritures »

C'est l'évangile qui est lu le mercredi de la semaine après Pâques; c'est un texte qui est très parlant, c'est un texte aussi très porteur. Et comme nous aimerions que Jésus nous explique les écritures !

Cléophas et Simon racontent:

C'était le premier jour de la semaine, avec cette fête de la Pâque qui était tombée en même temps que le jour du Sabbat. La Pâque, c'est la fête de notre libération, c'est une fête de joie. Mais pas pour nous cette année. Nous, je veux dire moi et Cléophas. Nous sommes dans la tristesse. Jusqu'au dernier moment nous avions cru, nous avions espéré que notre Maître, Jésus de Nazareth, descendrait de sa croix, et prouverait à nos grands prêtres qu'il était bien le Messie; et qu'il rendrait enfin sa liberté à notre peuple, comme Moïse l'avait fait autrefois. Mais non, il est mort sur cette croix, et il a rendu son souffle. Son corps était dans un triste état, et c'est cette image là qui nous hante : un homme qui ne tient que par les clous, un homme qui saigne, un homme qui a le visage abîmé par les coups et par cette affreuse couronne d'épines que les soldats lui ont enfoncé sur la tête.

Nous marchons pour rentrer chez nous, après des jours et des jours d'absence, car nous étions tout le temps avec lui, depuis qu'il avait annoncé que le Royaume de Dieu était là. Il paraît que les femmes qui ce matin étaient parties pour embaumer son corps ont trouvé le tombeau vide, et que soit-disant des anges leur seraient apparus pour dire qu'il était ressuscité; mais ça, c'est bien les bonnes femmes. Elles veulent tellement que ce soit vrai qu'elles racontent n'importe quoi. Il paraît que Pierre a vu aussi que le tombeau était vide, mais peut-être que quelqu'un est venu prendre le corps de Jésus pendant la nuit, nous ne savons pas. Sauf que nous l'avons vu mort.

Et puis il y a un type qui est arrivé à notre hauteur, et qui s'est mêlé à notre conversation. C'était un peu bizarre, mais il avait une bonne tête. Il nous a demandé pourquoi nous faisions des visages pareils, alors que c'était un jour de joie. Nous lui avons expliqué que, deux jours avant, il y avait eu une mise à mort, et que celui qui avait été tué était pour nous un homme pas comme les autres, un homme en qui nous avions confiance, un homme qui aurait pu donner à notre nation la gloire qu'elle a perdu depuis des siècles.

Là, il a eu une drôle de phrase, un peu comme si nous étions des idiots, des demeurés. Demeurés, oui nous l'étions certainement, parce que contrairement à lui, nous n'avions jamais pensé que les écritures expliquaient tout ce que Jésus avait vécu et pourquoi il fallait qu'il perde la vie pour la retrouver et pour sauver les hommes de leurs péchés, pour refaire alliance avec Dieu. Il nous a dit que nous étions des hommes sans intelligence. On n'a pas tellement aimé, mais s'il le disait, il devait avoir ses raisons.

Il connaissait tout ça par cœur, lui, et nous nous sommes rendus compte que beaucoup de psaumes parlaient de Jésus, et que même la phrase qu'il avait dite juste avant de mourir - "entre tes mains je remets mon esprit" - était la phrase qu'il devait prononcer. Et puis il nous a cité le prophète Isaïe, et il nous a aussi parlé de Jérémie dans sa citerne; il a parlé, parlé, et le temps a passé, la nuit était sur le point de tomber; et nous étions arrivés chez nous.

Il voulait continuer sa route, mais il ne nous a pas dit où il voulait se rendre; alors nous lui avons demandé de rester avec nous, de partager notre repas. Il faut dire que nous nous sentions tellement bien avec lui, et que tout prenait du sens.

Quand le repas a été prêt, il a prononcé la bénédiction, et là il nous a semblé que cette voix nous était familière; puis il a rompu le pain, et là, je ne sais comment le dire, mais nos yeux ont vu, en cet homme qui avait fait route avec nous, l'homme en qui nous avions mis notre foi, que nous avions suivi sur les routes, en Galilée et en Judée! C'était lui, il était bien redevenu vivant! Nous comprenions enfin ce qu'il avait voulu dire quand il disait qu'il allait ressusciter d'entre les morts.

Seulement au moment où nous avons compris que Jésus était bien vivant, il s'est passé quelque chose que je pourrais qualifier de fou. Lui qui avait été avec nous, lui qui a marché avec nous, il n'était plus là. Il avait disparu. Nous n'étions plus que tous les deux. Mais nous savions que nous n'étions pas fous, que nous n'avions pas eu la berlue, parce que notre cœur en nous continuait à brûler, et notre joie était parfaite. Il n'était plus là et pourtant Il était là.

Alors, sans nous concerter, nous sommes repartis vers Jérusalem. Nous ne pouvions pas garder cela pour nous. Notre joie, nous devions la partager, cela ne pouvait plus attendre et le bonheur qui était dans notre cœur, il fallait le raconter, le transmettre. Et nous sommes partis….

"Ils racontent"
Classification par évangile.

Matthieu

Mt 1, 18-24 Le songe de Joseph. Joseph raconte	5
Mt 2,1-12 La visite des Mages. Les savants racontent	36
Mt 2,1-12 Marie raconte l'épiphanie	38
Mt 2,13-18 Massacre des innocents: Hérode raconte	39
Mt 14, 24-36 Jésus raconte la tempête apaisée	128
Mt 14, 24-36 Thomas raconte comment Jésus a sauvé Pierre	49
Mt 14, 24-36 Pierre raconte la multiplication des pains et la tempête	130
Mt 15, 21-28 La femme syro-phénicienne raconte sa rencontre	152
Mt 17, 24-27 Pierre raconte sa pêche à l'hameçon	132
Mt 17, 24-27 Pierre raconte sa vie de disciple	156
Mt 19, 16-22 Le jeune homme qui voulait avoir la vie éternelle raconte.	159

Marc

Marc 1, 21-28 , Marc 3, 1-6. Le chef de la synagogue, explique	136
Marc 5, 23-34. Jésus raconte comment il a guéri une femme qui perdait du sang	139
Marc 5, 21-43. La guérison (résurrection) de la fille de Jaïre racontée par son père.	55
Marc 6, 14-19. La mort de Jean le Baptiste. Un garde raconte.	57
Marc 7, 1-23. Le Pur et l'impur , un disciple raconte.	62

Marc 8, 14-21. Le levain des pharisiens. Un disciple raconte.	65
Marc 8, 27-33. Passe derrière moi Satan: la honte de Pierre	68
Marc 9, 2-13. Jean fils de Zébédée raconte la transfiguration.	73
Marc 9, 14-29. La mère de l'enfant épileptique raconte.	80
Marc 9, 10. Un disciple a du mal à comprendre son maître.	84
Marc 10, 21: Jésus raconte sa rencontre avec l'homme "riche".	89

Luc

Luc 1, 1-25 La rencontre de l'ange avec Zacharie, annonce de naissance de Jean	7
Luc 1, 26-38 La rencontre de l'ange avec Marie Annonciation.	10
Luc 1, 26-38 La rencontre de Marie avec l'ange Annonciation.	13
Luc 1, 39-45 La rencontre d'Elisabeth avec Marie Visitation	15
Luc 1, 39-45 La rencontre de Marie avec Elisabeth Visitation.	17
Luc 1, 59-67 Zacharie retrouve la parole.	20
Luc 2, 1-7 Jésus raconte sa naissance à Bethléem	24
Luc 2,8-20 les bergers racontent	28
Luc 2,21 La circoncision: Marie raconte.	30
Luc 2,22-35 La présentation au Temple: Marie raconte.	32
Luc 2,22-35 Syméon raconte.	34
Luc 2,41-50 Retrouvailles de Jésus dans le Temple.	

Jésus raconte.	40
Luc 2,41-50 Dans le temple, Marie raconte.	42
Luc 3,21-22 Le baptême de Jésus: Jean raconte	43
Luc 4, 1-13 Satan raconte les tentations	93
Luc 4, 21-30. Dans la synagogue de Nazareth, Marie raconte.	96
Luc 5, 5-11: La pêche miraculeuse. Pierre raconte	98
Luc 9, 28-36: Pierre raconte la transfiguration	105
Luc 9, 28-36: Jean raconte la transfiguration	108
Luc 10, 1-10. L'envoi en mission des 72, raconté par un disciple	100
Luc 10, 13-17 La femme courbée, raconte sa rencontre	163
Luc 19, 28-40 Jean raconte l'entrée dans Jérusalem	111
Luc 22, 7-23 Jean raconte le choix de la salle de la Cène	111
Luc 22, 54-62. Pierre raconte la nuit dans le palais du grand prêtre.	143
Luc 24, 13-33. Les disciples sur la route d'Emmaüs racontent.	167

Jean

Jean 2, 1-12. Les noces de Cana racontées par les serviteurs.	116
Jean 8, 1-11. Jésus raconte sa rencontre avec la femme adultère	118
Jean 20, 2-8 Le disciple que Jésus aimait raconte la crucifixion.	122
Jn 21 Le disciple bien-aimé raconte le repas au bord du lac	124

© 2019, Lestang, Catherine
Edition : Books on Demand,
12/14 rond-Point des Champs-Elysées, 75008 Paris
Impression : BoD - Books on Demand, Norderstedt, Allemagne
ISBN : 9782322032853
Dépôt légal : juin 2019